弹性习惯

掌控当下多变生活的全新习惯法则

Elastic Habits
How to Create Smarter Habits That Adapt to Your Day

〔美〕斯蒂芬·盖斯（Stephen Guise）————著　　刘勇军————译

湖南文艺出版社　　博集天卷
HUNAN LITERATURE AND ART PUBLISHING HOUSE　CS-BOOKY

著作权合同登记号：图字 18-2020-236

图书在版编目（CIP）数据

弹性习惯 /（美）斯蒂芬·盖斯著；刘勇军译 . --
长沙：湖南文艺出版社，2021.3
书名原文：Elastic Habits: How to Create
Smarter Habits That Adapt to Your Day
ISBN 978-7-5726-0074-6

Ⅰ.①弹⋯ Ⅱ.①斯⋯②刘⋯ Ⅲ.①习惯性—能力
培养—通俗读物 Ⅳ.① B842.6-49

中国版本图书馆 CIP 数据核字（2021）第 035512 号

上架建议：心理·励志

TANXING XIGUAN
弹性习惯

作　　者：[美] 斯蒂芬·盖斯
译　　者：刘勇军
出 版 人：曾赛丰
责任编辑：匡杨乐
监　　制：刘　毅
策划编辑：陈晓梦
版权支持：姚珊珊
营销编辑：刘　迪　杨　婷　段海洋
封面设计：利　锐
版式设计：梁秋晨
出　　版：湖南文艺出版社
　　　　　（长沙市雨花区东二环一段 508 号　邮编：410014）
网　　址：www.hnwy.net
印　　刷：北京嘉业印刷厂
经　　销：新华书店
开　　本：787mm×1092mm　1/16
字　　数：170 千字
印　　张：13
版　　次：2021 年 3 月第 1 版
印　　次：2021 年 3 月第 1 次印刷
书　　号：ISBN 978-7-5726-0074-6
定　　价：48.00 元

若有质量问题，请致电质量监督电话：010-59096394
团购电话：010-59320018

前言

PREFACE

> 我们的一言一行，都将产生永恒的回响。
>
> ——马可·奥勒留

　　没有人可以完全按照自己期望的方式生活。违背意愿去走弯路是常有的事，而非特例。在一种充满变化、障碍、痛苦和惊喜的生活中，我们的习惯始终与我们密不可分。通过每天培养和练习好习惯，我们就可以确保自己能在混乱之中控制生活的核心。

　　很多人都知道朋友和家人很重要，因为他们可以给予我们外部支持，但很少有人认识到自身的习惯也很重要，因为习惯会为我们提供内部支持。即使有世界级的外部支持，许多人仍然因为缺乏内部支持而陷入绝望。

　　没有人可以代替你过你的生活，无论他们有多爱你。

　　健康的习惯行为可以使我们在紧张的时候冷静下来。如果你缺乏自我支持行为的习惯基础，那么当你的世界被颠覆时，你认为会发生什么？习惯是人们已知的制胜法宝，而一个痛苦的心灵想要并且需要的只是一个已知的制胜法宝。如果你没有由良好习惯构成的内在基础，那么在你周围所能找到的只有坏习惯。

好习惯可以帮助我们走出困境，坏习惯则会加剧我们的消极，使我们陷入恶性循环。有一点很直接，也很重要：习惯是我们生活中最具杠杆作用的方面，而且，我们可以自主选择想拥有的习惯。

超越微习惯

当我在 2013 年完成我的第一本书《微习惯》时，我曾预测它会成为畅销书，而我的预测仅是基于书中的策略所具有的影响力。事实证明我的判断是正确的，《微习惯》后来被翻译成 17 种语言，在全世界都很受欢迎。

《微习惯》成功地改变了全世界成千上万人的生活。6 年后，《弹性习惯》将为人们提供更出色的策略。我并不是说我的第二本和第三本书就比第一本好，但在习惯形成方面，《弹性习惯》确实比《微习惯》向前迈出了更大的一步，这未必是因为这本书更具革命性（虽然可能的确如此），而是因为它极为完整。

在本书中，你将看到以前从未见过的思想、物理工具和策略。如果说微习惯妙趣横生，对你有益且十分有效，那么弹性习惯就是超级有趣的，而且具有颠覆性，会带给你额外的收获。《弹性习惯》不仅仅是《微习惯》的进化版本，还重新思考了如何养成习惯。《弹性习惯》采用了《微习惯》的基本策略，保留了所有已被证实的好处，并增加了弹性的超强能力。我很高兴能告诉你更多故事，但首先，我要说一下我为测试这个策略所做的实验。

消沉

我从小到大一直处于职业道德谱系中"我只要能看电影就行"的那一

端。无论是天性使然，还是因为电子游戏的影响，我都不喜欢工作。因此，我与人们想象中的励志作家完全不同。我不是那种很有成就的超级精英——喜欢告诉别人如何变得和我一样棒。

恕我直言，即使是现在，我的职业道德也只是一般水平。但是，我能够用最好的策略来弥补自己在职业道德上的不足。成功策略的好处在于，它们能帮助像我这样的"懒人"和天生的主宰者。伟大的策略可以应用到各个地方。因此，本书中的策略对任何人都有好处，无论他们是在山顶，还是在谷底，抑或是在半山腰。

大约在我高中毕业的时候，我很想做一些有用的事情。结果证明，这是一个非常令人讨厌的内部冲突！由于我懒惰的性格和一身坏习惯，我很难采取有效的行动。十几岁的时候，我的整个身体都在抗拒创造力，仿佛做作业会对我造成无法弥补的伤害一样。我想成为一个更出色的人，但我的行动能力不足以支撑我实现这个愿望，导致内心产生了巨大的挫败感和焦虑。我需要寻找解决办法。

首先，我遇到了典型的"寻找动力"和"想做就做"的建议。但这对我不起作用，设定普通的目标是行不通的。我唯一可靠的技能，似乎就是在对我很重要的领域取得有意义的进展之前，找个借口退出。我知道我需要做什么，但就是无法让自己去做。我仍然需要寻找解决办法。

在原地"跑"了10年之后，我偶然发现了"微习惯"这个概念，我的行为和生活也随之发生了改变。我终于找到了一个适合自己的有效策略，它可以带我抵达我想去的地方。凭借这个策略获得成功后，我兴奋地创作出了《微习惯》这本书，并与他人分享。

5年后，我有了"弹性习惯"这个新想法。尽管我在微习惯方面做得很好，但有一天我问自己，为什么我的日常目标总是一样的？为什么我的目标不能改变，以适应我每天的不同需要？我想继续探索这个想法，但有一个问题是……

我已经通过微习惯的方式养成了一些很好的习惯，那些曾经难以做到的事情也变得可以轻松完成。这就是习惯的美好之处！而现在，我有一个新的想法（弹性习惯）要去验证，我想知道它能否帮助我——即使我身处谷底。所以我需要颠覆目前良好的生活状态，以便更好地找出答案。

当别人制订一个月后注定失败的新年计划时，我决定反其道而行之。我在新年开始的时候故意失败一个半月，然后试着从失败中走出来，就像一只恶龙飞出火山一样。我称之为"消沉"。这个办法奏效了。好习惯或坏习惯不会永久消失，但是经过一两个月的戒除，它们会因为缺乏活力而休眠。我的习惯当然也是如此。

痛苦的 45 天

我停止了运动，开始吃不健康的食物，喝比平时更多的酒；我经常出入当地的赌场，赌钱赌到很晚；我每天大部分时间都坐在沙发上看电视。在很多方面，我过着与自己的目标完全相反的生活。我沉溺于各种不良的欲望之中，拒绝投入时间和精力去做正确的事。

精神上的副作用相当惊人，而且比我想象的还要糟糕。没过多久，我就开始对自己的身份和价值产生了怀疑。尽管我知道这是一个有目的的临时实验，但这并不重要。你做的事情越多，它们就越能定义你。

仅仅过了 3 周，我就觉得自己失败了。希望逐渐破灭，"消沉"已渗入我的灵魂。一想到有很多人曾陷入这种状态，我就感到很难过。人的精神一旦崩溃，堕落就会变得异常容易。

我的身体也受到了影响。我的体重增加了 4.5 千克，这是以前从未有过的事，更别说只是发生在短短一个月内了；我开始失眠；由于躺在沙发上的姿势不佳，我的背总是绷得紧紧的，会出现痉挛；我患上了紧张性头痛，整个人都很虚弱，不得不去看了 3 次急诊。

最令人惊讶的是，我承受了有生以来最大的压力。我两只眼睛的眼皮不停地跳动（持续了好几个月）。原来什么都不做才是压力最大的生活方式。我觉得如果再这样下去，我就会死掉。懒散、睡眠不足、营养不良，就像一只长着三个脑袋的怪物一样，榨干了我的活力。我的大脑和身体似乎在细胞层面上受到了侵蚀。

我故意"消沉"，让自己变成了一个无精打采、沮丧、没有动力、体弱多病的人。我的任务完成了（悲伤脸）。无论在精神还是身体上，我都很糟糕。这一点也不好玩。

在沙发上躺了一个多月后，即使是轻微的运动也会让人望而却步。我们并不缺少想要运动的想法，有时候，正是因为缺乏希望、信念和自信，我们的精力才会耗尽，于是我们认为自己做不到。我感觉到了这一点。等到"消沉"期结束时，我并不确定自己还能不能运动。

这个实验让我明白了，为什么最需要改变的人往往是改变起来最费力的人。实验结束后，我感到不知所措，无法做出改变。我真的怀疑自己是不是堕落到了无可挽回的地步。我知道，我需要做的一切努力都是为了恢复正常的自我（更不用说变得更好了），而这些努力的重量都压在了我那消沉而紧张的肩膀上。

你可能会认为我过分夸张了这个故事，那么请花点时间想想，连续45天对自己不管不顾，会造成什么样的影响。我的状态很糟糕，一个人待在家里，真正地走向自我毁灭。不良生活习惯的影响与好习惯一样，每天都在加剧，只是坏习惯会让人变得更糟。当时的我只是一个躯壳，无论从什么意义上说，我都很软弱。

恢复如初

幸运的是，我运用这本书中的策略和工具，成功地走出了消沉的低谷。弹性习惯帮助我以缓慢而灵活的节奏修补着我破碎的翅膀，使我有机会可以在某一天尝试全速飞行。弹性习惯给了我支持，没有侮辱我的潜力，它是一个罕见却鼓舞人心的组合。

即使我不能飞得像期望中那么高，我也每天都在取得胜利。随着这些胜利不断积累起来，我开始记起在"消沉"之前，我在哪里，我是谁。

感谢上帝，我的眼皮终于不跳了，我的背也恢复了健康。虽然萎靡消沉的状态对我造成了很大的伤害，但这次经历证明了我即将与大家分享的策略确实有效。我不仅成功地走出了低谷，而且在实行"龙出火山"恢复计划的第二个月，我取得的成果就让我在之前五年里通过微习惯达成的结果相形见绌！我将继续用弹性习惯飞往更高的地方，很快，你也可以做到。

做一只展翅飞翔的鸟

也许我们对个人成长做出了错误的假设：个人成长取决于我们自己，取决于我们是否有动力去做重要的事，取决于我们是否愿意在生活中创造积极的改变。我们认为（别人也是这样告诉我们的）成功来自勇敢地付出努力，但千万不要对一只展翅飞翔的鸟说这句话。

大多数鸟类通过扇动翅膀来产生提升力，这样它们就可以一直在空中飞翔。而相对较少的鸟类知道更好的方法。它们可以在空中盘旋，甚至只把翅膀张开而不扇动，就可以在高空中飞翔。常见的飞翔的鸟包括海鸥、鹰、鹈鹕和秃鹫。

有两种环境可以让盘旋的鸟不扇动翅膀也能飞：上升气流和暖气流。

上升气流通常在山脊处出现。当风吹到山脊的一侧时，空气除了上升就无处可去。若上升气流升到一只飞翔的鸟的翅膀下方，就足以维持或提升鸟的高度。

暖气流是比周围空气温度更高的空气团。我们都听说过热空气会上升，暖气流的原理与之类似，它们就是上升的、温度较高的空气柱。这种暖气流也可以支撑一只鸟在空中盘旋。

任何时候，只要你看到一只鸟在没有扇动翅膀的情况下盘旋，你就可以确定这是一只正在飞翔的鸟，而且它处于气流助力的环境中。这只鸟可以绕着气流柱盘旋，毫不费力就能越飞越高。致力于保护鸟类的非营利组织美国奥杜邦协会称："利用上升气流和暖气流盘旋，需要精确的体位，这样秃鹫和其他猛禽就可以保持在最佳位置，无须扇动翅膀便能自由飞翔，而扇动翅膀会消耗能量，使它们的身体变得虚弱。"

通过利用上升气流和暖气流，盘旋的鸟很少需要扇动翅膀，从而节省了很多能量。这些鸟和我很像，它们可能很懒，但一定是很聪明的飞翔者。

我们曾经都尝试过扇动"翅膀"，结果却把自己搞得疲惫不堪。那么我们是否找到了生命中的最佳上升气流和暖气流？如果我们能像盘旋的鸟那样，学会把自己放在有利的位置，就可以在生活中很轻松地飞得更高。

在这本书中，你将了解到：

· 如何实现更大的抱负，同时不用担心向下坠落；
· 如何在生活中引入全新类型和层次的灵活性，借此在每个独一无二的日子里找到正确的"激励暖气流"；
· 如何带着自由和从未体验过的失重状态开始盘旋高飞。

让我们开始吧！这本书读起来会像游隼飞翔一样快。

ELASTIC HABITS

弹性习惯

目录

CONTENTS

第 1 部分
告别僵化，拥抱自由

第 2 部分
弹性和灵活性

第 3 部分
动力：通过选择来释放

第 **1** 部分
告别僵化，拥抱自由

自由是无价之宝，自由是最好的道路。永远不要为了暂时的利益而牺牲自由。

第 1 章
多变的生活，僵化的目标

> 兵无常势，水无常形，能因敌变化而取胜者，谓之神。
>
> ——《孙子兵法》

如果让你从以下三种超能力中选择一个，你会怎么选？

1. 会飞。
2. 能够预见一周之内的未来。
3. 能够每天掌握一项技能。

我会选择飞的能力，因为那一定很有趣，不过另外两个选择也非常诱人，让我一时间难以抉择。但你知道我最喜欢的是什么吗？是第四种选择：每天可以从这三个选项中选择一种。难道你不希望这样选吗？

客观地说，选择第四种灵活的选项更为明智。即使你每天都选择同样的超能力（不太可能如此），拥有选择其他选项的权利也不会给你带来任何损失。有选择并没有坏处，而且肯定会有所帮助。

如果你能根据生活的不同时刻来选择飞翔、预见未来或者掌握新技能等超能力，那不是很好吗？本书并没有讲述这些特别的超能力，但会提到已被证实具有超强能力的"弹性"。当你的习惯和目标具有弹性时，你就能在任何情况下最大限度地发挥潜力。根据你的需要和你想做的事情，你的每日目标不仅能熬过低谷时期，还会在其他时候茁壮成长。

大多数策略都需要持续的积极性和充沛的精力才会奏效。而弹性习惯策略会自动适应你的思维模式，无论它是积极、消极还是中性的。当你倒下时，弹性习惯会给你帮助，不带任何偏见；当你站起来准备出发时，它会把你推向更高处。与那些试图控制你行为的策略不同，弹性习惯策略适合任何状态下的你，而且会为你服务。

如果你觉得这一切在理论上听起来不错，那么你选对了书。如果你觉得这听起来过于乐观，我也能理解你的怀疑，但请听我说。到目前为止，这是我用过的最好的个人发展和习惯策略，而且，我试过了所有方法。

许多人都认为，每天做出小承诺是最有效的习惯养成策略，因此这也成为一种标准。但事实上，这些小承诺只是一个更大、更有效的战略的一部分。

生命的运动

除了菲尔·康纳斯[1]，世界上没有人能两次经历同样的一天。如果你活到70岁，你就会经历 25 550 个独特而又相互关联的日子。我们的生活是流动的，每一秒、每一分、每一小时、每一天都在向前流动，生活总是处在动态中，不停地变化。生活如同大海，包含着多种不同的因素：

· 突然的高潮和低谷（就像起起伏伏的海浪）。
· 持续的高潮期和低谷期（就像海洋潮汐）。
· 在多个时间层面上的正面状态和负面状态（就像逆流、离岸流、表层

1　美国电影《土拨鼠之日》的主人公。菲尔是一名气象播报员，执行任务偶遇暴风雪后意外地发现时间停留在前一天，从此便只能过重复的人生。——译者注

流和深层流等洋流）。

· 其他因素（就像在海里遇见六鳃鲨）。

生命以多种方式不断改变着，就像海水一样。生命的模式常常使人大吃一惊，我们无法做出预测。因此，要想在生活中取得短期和长期的成功，我们必须能够在一个流动且不断变化的环境中成长。遗憾的是，我们甚至都不愿去尝试这么做。

长期以来，我们设定了严格的目标，不管面对什么样的情况，我们都试图采取完全相同的行动。我们总是以决心的名义，以坚持和养成习惯的名义，或者以勇敢和执着的名义这样做。而现在，这里有一个现实的例子——大海，说明了为什么我们强迫自己固执地坚持预设的想法非常愚蠢。

后悔离岸流

想象你在海里游来游去，六鳃鲨这一"其他因素"可能和你在同一水域里游泳。你决定去海滩上晾干身体并阅读《弹性习惯》。（这本书颇具自我意识，善于自我推销。）你认为朋友们正在看你，便决定在游向岸边时炫耀一下你漂亮的蝶泳姿势。过了一会儿，你停下来休息，擦了擦眼睛，大声说："发生了什么，海滩上怎么都是蚂蚁？"

那不是蚂蚁，他们是人！然后你意识到……你被卷入激流，远离了海岸。

为了做到勇敢、执着、坚强，你坚持最初的计划，继续用蝶泳的方式径直游向岸边——这是最令人印象深刻但也最累人的一种泳姿。你在洋流中拼命地游着，大口大口地呼吸，你的肌肉很快就开始疲劳。海水无情，你始终无法靠近岸边。你越来越累，直到筋疲力尽。最终，你沉没在海水中。

这是一个悲伤的（幸好也是虚构的）故事，但它给我们上了重要的一课。在故事中，环境发生了巨大的变化，但身为游泳者的你却没有改变。最初为了给朋友留下深刻的印象，你以蝶泳的姿势游向岸边，并将这个计划坚持到最后。

而一旦你意识到自己身处离岸流之中，你的目标就应该从"给人留下深刻的印象"变成"活下来"。**当环境改变了你的目标时，你就需要一个新策略了。**

离岸流是一种从海岸向大海中央方向流动的水流，具有非常强大的力量，但其实它的影响范围是有限的。人们遇到离岸流时很容易丧生，而且通常就像上文描述的那样：人们会惊慌失措，在汹涌的激流中疯狂地游着，直到筋疲力尽，无法浮在水面上。

然而，只要有冷静的头脑和聪明的策略，我们就会找到多种从离岸流中安全脱身的方法。最好的一种选择是在游向海岸线之前，先用相对轻松的泳姿沿着与海岸线平行的方向游。这是对生活的一个很好的比喻，因为"向侧面"游看起来不像是进步，但有时这却是进步的必要步骤。由于离岸流相对较窄，你用不了多久就能游出它的影响范围，并返回岸边。你还有另一种选择，那就是放松，让离岸流带着你到海里，等到洋流散去再喊人来帮你（如果你需要的话）游回去。最危险的做法就是坚持在汹涌的离岸流中游向岸边，这样会耗尽你的体能。

即时调整：大脑被遗忘的力量

只有人类能够在各种环境下取得成功，因为我们拥有不可估量的能力，可以适应和征服挑战。人类很优秀，能够及时地解决问题，但这里有一条忠告：若想成功地适应环境，必须首先选择做一个适应能力强的人。

大约 99.9947% 的目标和习惯策略都是不可改变的，需要你使出全力做任何事情来满足一些预先选择的要求，而这些要求往往会忽略你的生活所具有的独特性，并且禁止你即时调整。当你生病、受伤、精疲力竭，或者遇到一个一生只有一次的机会时，问题就出现了。缺乏变通会让你在离岸流中丢掉性命，也会扼杀目标和习惯。

在适应环境和充分利用现状方面，人类大脑的优势是无法取代的。你的大脑是你成功的关键！

当拥有创新思维和聪明才智的大脑被强迫做一件事，为了遵循一个武断的标准而不能做出即时调整时，这仿佛是在向你宣战。你了解自己的生活、能力和局限，任何"一刀切"的计划都不可能更了解你。所以，即使一个僵化的系统融入你生活中的时间超过了两周，你最终还是会因为原则和解放你强大的大脑的想法而做出反抗。

这并不是说你必须有意识地决定自己所做的一切，而是根据环境需要，可以让自己选择改变目标。随着自由地向上、向下，甚至横向改变习惯，你可以连续数年将胜利收入囊中，并且充分利用任何情况。你永远不会觉得自己被困住，因为你的习惯会随着你和你所面对的环境而变化。

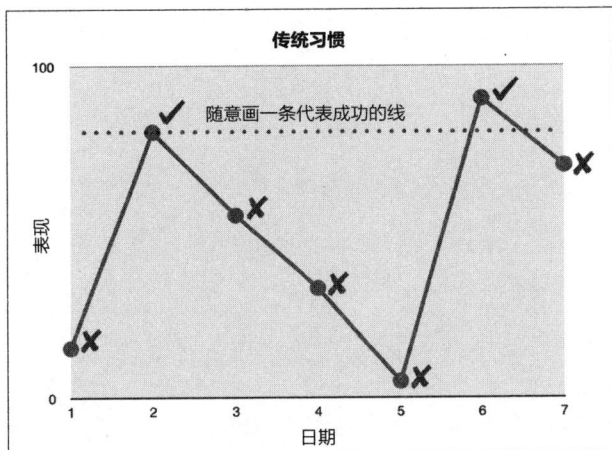

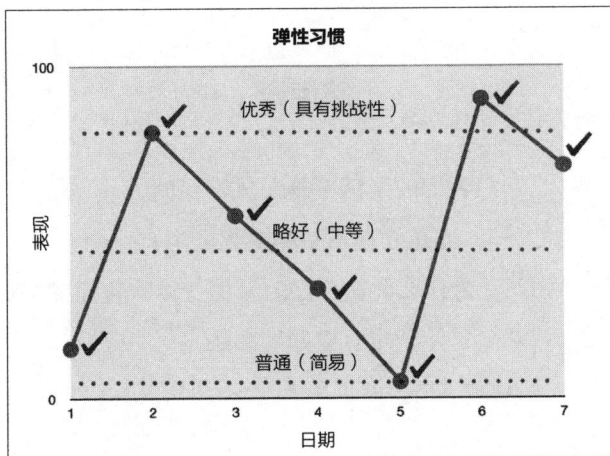

假设你必须找到"刚刚好"的那个点，这个点适合你的习惯和目标，做起来不太容易也不太困难，而且有足够的回报。但是这个点每天都在移动。想想你到目前为止的生活。有些时候，你可能想征服世界；而其他时候，你可能觉得活着本身就是一种成就。没有哪个单一的目标可以完全满足生活中所面临的多种情况。

结束语

我们的生活不是一成不变的，
而是处在不断的变化之中。
既然如此，为什么要让自己的习惯变得僵化而脆弱？
一定有更好的办法。

第 2 章
自由的力量

那些为了一点点暂时的安全就放弃基本自由的人，既不配得到自由，也不配得到安全。

——本杰明·富兰克林

纪律不是自律。

我们在成长过程中受到父母、老师和其他权威的约束。做错事，就会受到惩罚；做对了，则会得到奖励（至少不会受罚）。

为了特定的结果而控制自己的行为，我们成年后就已经对这种纪律模式很熟悉了。然而，我们关于纪律的概念几乎总是表现为一种外部激励的形式（纪律），而不是内部产生的形式（自律）。有些人能够将纪律内化为自律，但并非每个人都能做到这一点，尤其是当我们成年后，获得了过多的自由时。这是为什么呢？

因为纪律是由外部的惩罚和奖励驱动的。然而，自律是由自由和实践驱动的。

自由开启自律

一旦区分了纪律和自律这两种概念，矛盾的迷雾就会开始消散。纪律是权威人物施加给我们的，以对我们进行约束。自律是我们为自己设定的，以掌控生活，使我们成为自己想成为的样子。

> 从根本上说，自律是要鼓励的，而不能强制。
>
> ——莱斯特·沃尔特斯

自律是一种技能，但只有通过自由选择才能维持自律。你不能强迫自己自律，这一点听起来很奇怪。你不能说"我从现在开始就要自律了"，因为你可能并不具备维持自律的技能，而且你可以随时选择中止这一任务。向来都是如此！

的确，有时候你可以强迫自己采取行动，但自律并不是一次性的选择，而是一种经过练习才能获得的技能。就像弹一次吉他不能让你成为一个吉他手一样，强迫自己不吃巧克力或者去一次健身房也不能让你维持自律。

如果我们把前面提到的关于目标、生活、自由、纪律和自律的所有信息放在一起，就可以解释为什么那么多人难以控制自己的行为。现在来看一看，你是否同意下列说法：

1. 生活是多变的、不可预测的，总是伴随着高潮、低谷和"六鳃鲨"的出现。
2. 人类的大脑是强大的、动态的，而且善于解决问题，因此非常适合即时调整，以应对生活环境的变化。
3. 大多数目标和系统都是死板僵化的，似乎对生活的本质浑然不觉，让人难以适应，于是我们强大而有能力的大脑仿佛受到了囚禁。
4. 纪律是别人施加给我们的，以约束我们的行为。
5. 自律是指我们如何把自己塑造成我们想成为的人。

把这些说法放在一起看，你发现问题了吗？

人们在孩童时期受到外在纪律的约束后，就会尝试为他们的改变建立模式。他们试图通过把自己束缚在严格而武断的目标中去改善生活，这是一种由外而内的方法。但要想获得真正的改变，我们就需要自律，而自律只能来自个人自由和个人赋能。因此，我们需要做的事与我们通常做的事恰恰相反。

· 我们设定了苛刻、严格的目标，试图模拟某种外部惩罚的力量：我每天要做 100 个俯卧撑。实际上，我们需要有灵活的目标。
· 我们提高了期望值和赌注：无论如何，我都必须这么做，没有借口。实际上，我们需要根据具体情况调整期望值和赌注。
· 我们会因为没有遵守纪律而惩罚自己：如果我没有这样做，我就是个失败者，我应该为自己感到羞耻。实际上，我们需要鼓励一切进步，消除羞耻，因为羞耻只会削弱自我和一个人的自由感。

拒绝自我奴役

有时候，强迫自己做一些正确的事是没有害处的。但这常常会演变成一种自我奴役，你会觉得自己仿佛是计划的囚徒，而不是生活的主宰者。之所以会出现自我奴役这种情况，是由于自律的表象下暗藏着机械的实质，你却将这两者弄混了。在没有受过训练的人看来，自律通常与自我奴役很像，然而真正的自律来源于自由，是一种充满爱的努力。

如果你在改变行为时总感觉到一种挣扎和负担，那就问问自己为什么会这样。还有什么比过上自己想要的生活更令人满足呢？还有什么比追求自己的价值更重要呢？还有什么比成为你想成为的人更令人兴奋呢？行为改变是一项艰巨的任务，需要不断地付出耐心，这是毫无疑问的，但如果方法正确，你就能体会到其中的乐趣和自由。

如果你想继续完成目标，坚持几周、几个月，甚至数年，你就需要喜欢并尊重你正在做的事情（以及它所需要的一切）。这意味着你不能觉得自己成了目标的奴隶，你必须觉得自己是主宰者才行。奴隶通常想要什么？他们想要的是摆脱一切束缚的自由。而你应该从源头上放弃任何类似于束缚的事情。自律是一种自由，如果能恰当地培养自律，它也会给人带来自由的感觉。

没有什么超自然的力量可以阻止我们过最好的生活。阻止我们的往往是我们自己：一些人用自由换取短暂的结果，之后又会不可避免地换回自由，毕竟自由对我们来说最重要。而那些从一开始就自由行动的人便没有理由阻止自己。

我的中心论点可以归纳为：因自由产生的行动比因束缚产生的强制行动更加强大、有效。强制行动存在的唯一可行的理由是，虽然有时这会让人不舒服，但至少它是有效的。但是那些相信强制行动的人往往低估了自由的力量。

自由是唯一值得考虑的道路，因为如果我们天生认为自由比其他任何东西都重要，我们就不能为了实现目标而牺牲自由。可悲的是，我们经常为了短期的收益而牺牲自由。而实际上，我们可以利用自由的力量去追求我们的目标。

不自由，毋宁死

我们为什么站在这里无所事事？先生们的愿望是什么？想要得到什么？难道生命如此珍贵，和平如此甜美，甚至不惜以枷锁和奴役为代价来换取吗？全能的上帝，请让他们放弃这样的念头吧，我不知道别人会怎么做，但对我而言，不自由，毋宁死！

——帕特里克·亨利

如果我们都认同自由的强大力量，那么问题就变成：在养成习惯和追求目标的过程中，自由起到了什么作用？

自由有害？

你可以看着萎靡不振的我，说："看看，放纵的自由都给你带来了什么！"但那不是真正的自由，而是一种放纵生活的奴役，因为我禁止自己去践行我的大部分好习惯。在某种程度上，这与目标设定者给自己设定的武断的限制或要求是一样的。

话虽这么说，我也理解有些人可能会利用他们的自由去选择"消沉的生活方式"。我自己就这样做过。因此，也难怪我们会如此轻易地牺牲自由，毕竟自由伴随着风险和不确定性。而我们都喜欢确定。

自由就像一把锯。你可以用这把锯做一个漂亮的橱柜，但同时也可能切掉手指。技能和策略决定了你是会多一个柜子，还是会少一根手指。我们需要用一种系统的方法来发挥锯的能量，从而避免我们的手指处于危险之中。

自由是强大的，也因此与实践紧密结合。如果给予我们绝对的自由和能力去做我们想做的任何事，大多数人当然会利用自由去做对自己有益的事。自由赋予我们力量，实践赋予我们技能。这本书提供了一种框架和策略，使我们通过自由的方式完成日常练习。

自由或许会令人害怕，因为它放大了我们真实的自己。例如，人们担心想吃什么就吃什么会导致暴饮暴食和体重增加，所以他们控制自己，开始节食。然而，正如我在《减肥的微习惯》中多次谈到的，研究表明，节食者比非节食者更容易暴饮暴食，体重也会增加更多。这听起来很不可思议，但如果你把节食者视为他们所选择的饮食的奴隶，就不会觉得惊讶了。奴隶会怎么做？他们会反抗，寻求自由。如果你想减肥，那就不要把芝士汉堡当成自由的象征。

接下来，我们将探讨弹性，以及它是如何让你自由地建立专属于你的生活习惯的。在追求目标和养成习惯方面，这将改变你曾经被灌输的一切想法。

结束语

生而为人，我们渴望按照自己的方式自由地生活。
有些人为了短期的结果（比如节食）而暂时放弃了自由，
然而那些保护和利用自由的人才会取得更大的进步，
并且将改变一直维持下去。

第 2 部分
弹性和灵活性

ELASTIC HABITS

弹 性 习 惯

一条根断了时，其他根就会提供支持。灵活性是力量的终极源泉。

第 3 章
灵活就是力量

> 至柔者，水也；至坚者，金石也。水能贯坚入刚，无所不通。
>
> ——《道德经》

下面是《韦氏词典》对弹性的定义：

弹性（名词）：一种具有弹性的性质或状态。例如：

A. 物体在被拉伸变形后恢复到原有体积和形状的能力。

B. 韧性（物理弹性，见下文）。

C. 适应性强的品质。

想知道哪个定义与本书中的策略有关吗？答案是以上所有，而且不止如此。

物理弹性

弹性，即有弹力，这恰当地描述了测量不同材料弹性的方法。

在物理学中，弹性是有极限的，即一种材料能够拉伸而不至永久变形的范围。如果一种材料被拉伸后能够恢复原来的形状，那么它还没有达到弹性极限。轻轻拉橡皮筋，橡皮筋会变长，然后变回原来的形状。如果橡皮筋在拉伸后变松或断裂，那就是超出了它的弹性极限。

弹性模量是指材料在应力状态下抵抗临时变形的能力的大小。以橡皮筋为例，它的弹性极限相对较高，而弹性模量较低，因为它很容易（暂时）变形。以钻石为例，它的弹性模量较高，因为它并不容易凹陷、断裂、弯曲或被拉伸。从两种不同的角度来看待弹性是非常重要的。甚至"弹性"这个词本身也是灵活的！

在物理学中，弹性的这些不同方面共存似乎有些奇怪，但它们测量的都是抵抗压力的弹性，只是抵抗的方式不同。钻石是地球上最坚硬的天然物质，它能抵抗压力，不会屈服于压力。而橡胶等弹性材料抵抗压力的方式是，先通过屈服和改变形状来"适应"压力，最后恢复到原来的形状。一旦压力从这些弹性材料上移除，它们就会恢复初始状态（如果受力低于弹性极限）。在这两种情况下，材料都是有弹性的，不会因施加的压力而改变形态。

理解弹性的全部含义，有助于我们看到弹性的真正好处。弹性不仅能增强灵活性，还能提高对压力的适应性。对任何想要养成习惯的人来说，这个想法应该都会引起你的共鸣。难道你不希望自己的目标和习惯在压力下拥有弹性，从而可以承受挑战，更持久地改善你的生活吗？让你的习惯和目标更有弹性，你可以做到。

为什么灵活就是力量

这本书名叫《弹性习惯》，因此我们要讨论灵活性也就不足为奇了。然而，令人惊讶的是，灵活性本身就是一种巨大的力量源泉。灵活性可以提供力量和弹性，主要有以下 4 种原因。

1. 多条根总比一条根好。

《指环王：双塔奇兵》中有我最喜欢的电影场景之一。在艾辛格城，邪恶的巫师萨鲁曼在一个地下工厂里打造了一支兽人军队，工厂要把附近的树木作为燃料燃烧。这件事被树人发现了。树人是一种会走路、会说话的巨大生物，作为树木的同类，它们决定为自己的树木兄弟姐妹而战，于是对艾辛格城发起攻击。

除了用它们强有力的树枝四肢踢打、碾碎兽人外，树人还摧毁了附近一座巨大的水坝。为了防止自己被激流冲走，它们就把根扎进土里，保持稳定。大水摧毁了工厂，冲走了一切，只有树人还好好的，在土里扎根，屹立不倒。

你试过把树从地下拔出来吗？人们之所以用链锯在树的根部将其锯断，是因为树木很难被连根拔起，即使是一棵小树而非树人。相对而言，树干部分通常又高又细，而蔓生的树根为树木提供了稳定的基础。一条树根死了，其他树根仍会为树木提供养分。除了增强力量和提供养分，多条树根还能让树木有更大的吸水范围，这在干旱时期有很大的好处。

不管是什么生物，只依赖一条根的话，灵活性就无从谈起。一条根固然可以产生很好的效果，但如果这条根死了，就没有后续了。拥有多条根能够使人类和树木深深扎根，保持强壮，灵活地应对逆境。

2. 灵活性使即时调整成为可能。

即时调整在生活的各个方面都很关键，因为我们不能完全控制周围的环境或他人的行为。那些过着僵化生活的人，最终会受到他们不想面对或预料不到的环境的冲击。而那些生活中拥有灵活性的人可以避开第一个障碍，用"钻石链锯"斩断第二个障碍，用"橡皮筋弹弓"越过第三个障碍，并在遇到第四个障碍之前改变方向。

一旦接受了灵活性，你就会发现更多通过即时调整而获得成功的方法。即时调整的能力越强，你就越能在一个不知道会出现积极还是消极环境的篮子里（十分恰当地描述了生活）表现得主动且有弹性。

3. 灵活性使你看到机会。

灵活性能够帮助你最大化利用机会（想一想，更多的根可以获得更多的水源）。此外，灵活性还能使你看到更多的机会。

> 所有固定的模式都不能调整或变通，而真相存在于固定模式
> 之外。
>
> ——李小龙

思维模式固定的人通常只有一种思考或做事的方式，对其他的方式都视而不见。虽然在某些情况下，这样做没什么问题（有时候一条路走到黑也是有帮助的），但在其他情况下，就有可能产生极大的危害。举例来说，百视达公司本应该采用网飞公司的经营模式或收购网飞。

1985 年，百视达作为一家影片租赁商店起家，2010 年，已经成为影片租赁公司的百视达申请破产。在这 25 年中的前半段，实体影片租赁是一种有效的商业模式。尔后，忽然之间，网络视频横空出世，实体影片租赁的商业模式不再奏效。百视达的一条根死了，整个企业都难逃一劫。但他们没能及时看到其他选择，包括收购一家名为网飞的小型初创公司。

网飞最初是一家提供邮寄影片服务的公司，这个新颖的理念打乱了百视达的业务。网飞在 2007 年增加了在线流媒体服务，这后来也成了他们的核心业务。快进到 2019 年，网飞成长为一家大型制作公司，制作了大量的电视节目和电影。他们在思维和战术上表现出持续的灵活性，使公司在竞争激烈的视频领域成为市场领导者，网飞的股票也成为 21 世纪表现最好的股票之一（从 2002 年首次公开发行到 2019 年，网飞的股价上涨超过 31 000%）。

如果你的"生活工具箱"中一开始就有灵活性，你将拥有更广阔的视野，从而更好地预测生活中即将到来的威胁和机会。你将拥有多种工具，可以在不同的场合中使用。这并不意味着你无法拥有一个你最喜欢的且最可靠的工具，只会有（并且发现）更多更好的工具供你使用。无论你目前的处境是积极的还是消极的，灵活的思维能力都会带来更有利的结果。

4. 灵活性会让你更有效地分配资源，提升你的自由感。

如果将灵活性作为你的策略的核心部分，你就可以灵活地调整你的目标，以满足当下的需要。这就意味着为了"遵循计划"而进行的随意且低效的任务切换减少了。

正如所有作家都经历过的，在某些神奇的时刻会文思泉涌。对此，我要说的是："在笔（键盘）热的时候赶紧写！"在任何一天里都能灵活地做某件事，是一种终极的自由，会让你有动力去追求所有的目标。

结束语

灵活性可以对抗任何阻碍你进步的威胁，
是一种最强大的弹性形式，它也因此成为你的力量源泉。
拥有灵活性，你就可以通过多种方式应对不同类型的挑战。
在下一章中，
你将看到纵向和横向的灵活性如何创造出不可战胜的习惯。

第 4 章
灵活性的全新维度

人皆知我所以胜之形，而莫知吾所以制胜之形。故其战胜不复，而应形于无穷。

——《孙子兵法》

微习惯指的是我们每天都会做的一些小事，随着时间的推移，这些小事就演变成了一些小习惯。有时我称它们为"小蠢事"，因为它们听起来确实很蠢，比如画一分钟的画，做一个俯卧撑，或者打扫房间的一个角落。微习惯具有很强大的影响力，如果说大多数习惯的目标是天花板，微习惯的目标就相当于地板。你总是可以做得比微习惯更多，然而最重要的是，你始终都在做一些事，这比什么都不做好得多。

目标和习惯之间的区别

本书中有很大的篇幅都在谈论目标，但正如书名所示，这是一本关于习惯的书。现在，我希望解释清楚目标与习惯之间的联系。

目标是"一种目的或期望的结果"。习惯是"一种固定的或有规律的倾向或做法"。目标可以是任何目的或期望的结果，养成某个习惯也是一个目标。习惯是通过每天完成同样的目标而养成的。两者有重叠的部分，你的长期目标可能是养成一种习惯，而习惯本身是由较小的日常目标组成的。

　　所以当我说到目标时，你要知道，我指的是养成习惯的日常目标。为了掌控习惯的形成过程，你必须掌握每天达成目标的做法。坚持不懈地实现目标通常被认为是克服逆境的一种方法，但首先你要使坚持变得容易一些。

　　世界各地成千上万的人通过将日常微习惯引入生活，成功地改变了他们的行为和生活方式。微习惯若是一件"小蠢事"且容易做，那么"坚持下去"就会自动成为你的优先考虑项。很多人都认为坚持是最重要的，但是当你对自己说"我每天必须至少练两个小时吉他"时，你实际上并没有把坚持放在首位，而是把数量、自我、快速的结果和成就放在前面，这就增加了坚持的难度。

　　若想把坚持放在首位，就要把目标定得足够低，这样你才永远不会缺勤。这意味着把你的最低要求设定为"完成"而不是"炫耀"。只要每天都能完成，你就会创造出惊人的积极向前的动力，并获得快速的成长。

微习惯缺少了什么？

　　当你看着自己每天做一个仰卧起坐的目标时，你会觉得好像缺少了什么。当然，每天坚持完成目标并取得小小的胜利是很好的，但在某些时候，你希望看到结果和进步，希望朝着更大的胜利前进。你想要看到表明自己确实在进步，可以从小池塘跃入大海的证据。

　　我并不是说仅凭微习惯不能把你带入一个成功的新阶段，事实上，对包括我在内的很多人来说，微习惯已经做到了这一点。然而微习惯（或其他任何方法）并不是没有改进的空间。举例而言，将现有的微习惯框架与本书中的方法相结合，会让你获得指数级的进步。

　　从微习惯升级到弹性习惯，灵活性的增加会使你的策略更加强大，就像一棵拥有多条根的树一样。弹性习惯会让你的日常目标更有弹性，使你在短期和长期都有更大的提升潜力。

想拥有最强大的力量吗？那就要有充分的灵活性

你可以通过多种方式变得强大。但为了获得最佳效果，你需要充分的灵活性。人的身体也是如此。如果我试着摆一个高难度的姿势，那就会非常滑稽，也可能很悲惨（这取决于你的看法）。然而，体操运动员的灵活性十分惊人。你知道吗，按体重来看，体操运动员是地球上最强壮的群体之一。体操运动员的柔韧性很好，也很强壮，甚至可以成为优秀的举重运动员，尽管他们没有接受过专门的举重训练。

体操教练克里斯托弗·萨默说，他的一个学生在上高中第一天的举重训练中就举起了 180 千克的重量，虽然这个学生本人的体重只有 60 千克！"我见过许多能做俄式挺身俯卧撑[1]的体操运动员，在第一次尝试做双倍于体重的卧推时就能成功，但我从来没有见过能做双倍于体重卧推的举重运动员，一上来就能做类似俄式挺身俯卧撑的动作。"萨默说。

举重运动员往往训练特定的动作，以特定的方式变得十分强壮，但体操运动员的训练是动态的，他们的力量几乎可以运用到其他所有运动中，也包括举重。

灵活性是终极力量的基础。

我在这里提到"终极"这个词，并不是为了填补什么空白，也不是为了听起来很酷。这是一个很重要的区分词，因为即使没有灵活性，也可以建立非凡的力量。在这本书中，我绝不会说保持灵活是在某个领域变得强大或取得成功的唯一途径（因为这种说法本身就是不灵活的）。但我要说的是，保持灵活是一种最佳方式，因为终极力量必然来自某个灵活之处，不同于那些只适用于特定情境的普通力量。

1　一种难度较高的体操动作，需要在双脚悬空的情况下完全依靠上肢的支撑来完成俯卧撑动作。——译者注

没有平衡、敏捷、协调性和爆发力的力量在运动竞赛中毫无用处。

——克里斯托弗·萨默

现在我将向你说明，横向灵活性是如何使微习惯策略变得强大的。然后，我将介绍弹性习惯带来的灵活性的全新维度。这样的弹性习惯非常有趣，还可以完全兼容你已经养成的微习惯（如果有的话）！

微习惯武器：横向灵活性

微习惯有一个前提：对于你设定的每日小目标，要尽快取得轻松的胜利，胜利后你就可以考虑下一步了。例如，你的小目标是做一个俯卧撑——这好过什么都不做。达成目标后，你可以选择停止，又或者，如果你愿意的话，可以再做 5 个、10 个或 50 个俯卧撑。

微习惯策略提供了优秀的横向灵活性。**横向灵活性意味着你有多种方法来达成一个目标，甚至可以选择随时改变目标。**混合微习惯就是一个很好的例子。这些习惯都有一个可选择的获胜条件，比如，要么走两个街区，要么做一个引体向上，以完成你的锻炼习惯。"睡觉前的任何时间"的每日提示甚至带来了更出色的横向灵活性，因为它会给你一整天的时间去行动，而不是强迫你选择一个特定的时间。

你可以用不同的提示来完成你的微习惯，甚至可以用许多不同的方法来完成。这种灵活性加上容易完成的属性，使你永远不会觉得自己被微习惯束缚。你可以在每一天里，围绕你的轻松目标，从任何适合你的角度发起攻击。

横向灵活性是一种已被证明的具有颠覆性作用的武器，有助于你将习惯坚持下去，但横向灵活性并不是完全的灵活性，不是吗？假设你在打篮球，你不仅要横向移动（从球场的一边到另一边，向前和向后），还需要纵向移动——跳起来扣篮或盖帽，或蹲在地上去抢无人控制的球。

拥有了充分的灵活性才能获得最大的力量，所以我们要把纵向灵活性加入已具备横向灵活性的微习惯框架中。让我们来看看完善的纵向灵活性有哪些作用。

新武器：纵向灵活性

在为这本书做研究时，我发现一些事情证实了我过去几年的怀疑。我倒吸了一口凉气，因为我知道这会对未来的目标设定和习惯策略产生重大的影响。

2017 年，斯坦福大学的一项研究（间接）表明，**不同规模的目标有其内在的优势和劣势。**

该研究假设不同阶段的目标有不同的（理想的）动力来源。举例来说，假设我们的目标是做 100 个俯卧撑。研究发现，设定每次做 10 个俯卧撑的子目标（而不是一次性做 100 个俯卧撑）能够在一开始更有效地激励我们采取行动，因为这增强了我们的成就感（这将是我们在下一章讨论的关键词）。但后来，当我们相信自己可以实现更大的目标时，比如已经做完 100 个俯卧撑中的 75 个时，这个子目标就不如更大的目标那么有激励性了。当我们有可能实现更大的目标时，最强的动力来源会从成就感转变为通过实现更大的目标而获得的价值。

这听上去很有道理，不是吗？通常我们首先想到的一个问题是："我真的能做到吗？"而一旦我们确定成功就在眼前，当我们知道自己可以获得更大的胜利时，为什么还要专注于小目标呢？

斯坦福大学的研究人员通过 4 项独立的研究证实了他们的假设：人们在追求目标的不同阶段有不同的理想动力来源。这表明，包括我自己在内的每个人都把动力和目标追求之间的关系想象得过于简单了。这也告诉我们在构建目标的时候，需要更好的策略。

进一步来看，我认为即使是明确定义的"目标阶段"概念也过于简化了——为适应严格的目标设定传统（只有一个获胜条件）。事实上，我们的动力可以在任何时候改变，这种说法并不夸张。

我喜欢研究人员提出的小目标的总体框架，这有助于我们在追求目标的初始阶段就展开行动，目标的价值会鼓励我们完成任务。然而习惯是没有终点线的，它会伴随我们一生！在这个过程中，我们在某些阶段仍然坚定不移，而在另外一些阶段会有所动摇。当我们最怀疑自己的时候，小目标能够帮助我们前进。当我们坚信自己的能力时，远大的目标会帮助我们实现最终的成功愿景。在低能量和高能量的时刻，情绪消极或积极时，也是如此。要知道，不管我们需要的动力来源是什么，它都不是恒定不变的！

如果你只设定了一种获胜的方式，那么你就有理由去调整获胜的条件，让自己尽可能有动力去追求目标。研究表明，在你开始行动的时候，应当专注于较小的子目标，而一旦你在小目标上取得了显著的进步，你就应当专注于更大的目标。虽然与大多数策略相比，这种想法有了一个显著的提升，但我们仍需要超越它。我们的策略不会预先确定单一的目标。**完全的纵向灵活性将允许我们直观地选择现在最想追求的目标，这意味着我们不需要知道追求目标过程中的各个动力阶段都在什么时候。**

动力和目标规模之间微妙的关系，对你在以后的人生中如何思考、追求日常目标，以及你的习惯有着重大的影响。通过回顾你追求不同规模目标的过程，你的经验和直觉会与这项研究的发现相吻合。

不同规模的目标有其内在的优势和劣势。

大多数人都赞同不同规模的目标各有利弊，令人兴奋的是，我们可以选择如何去应用这些目标。

馅饼？馅饼

弹性习惯策略使用多个大小不同的目标来抵消它们的缺点。从我们对灵活性的讨论中，可以得出的结论是：**灵活性通过消除缺点来创造优势。**

这很好理解，比如一棵树的一条根死了或者被砍掉了，当你把树拔起来时，你是不会注意到的。这棵树看起来还是一样的强壮（实际上也是如此），因为它的力量来自很多条根，而不是一条根。对于养成终身良好习惯的日常目标，纵向灵活性也有同样的作用。

纵向灵活性如何消除目标的缺点

目标设定的纵向灵活性意味着你的目标可以增大或减小。为了更好地解释这种做法的好处，我会用两种"馅饼"来做类比，每种都有三块。

第一种馅饼包含三个主要规模的目标的优点，而第二种馅饼包含它们的缺点。这样做一方面是为了向你展示不同规模的目标的优点如何结合在一起，才能做出完美的"目标馅饼"。或者换句话说，如果我们能以某种方式将每种目标的优势结合到一个超级混合目标中，那么这个目标会产生非常强大的力量。而另一方面，目标缺点馅饼包含了目标设定的所有缺点，按目标规模的大小排序。不同规模的目标都有需要了解的缺点，这就是为什么选择目标的大小不像选择你最喜欢的优点那么简单。

目标优点馅饼

· 小目标：开始时很简单，不会让人望而却步，易于坚持（并养成习惯），可以提供强大的动力。

· 中等目标：开始时不会太恐怖或困难，完成后会使人产生适度的满足感，努力与回报成正比。

· 大目标：可以激励人们"迎接挑战"，与梦想类似，完成后会让人觉得自己了不起、非常满足，想想就会感到兴奋。

如果我们能利用上述所有优点，不是很好吗？现在，让我们来看一看缺点。

目标缺点馅饼

· 小目标：难以给人留下印象，会导致个人成就看起来毫无价值，如果一直停留在这些微小的目标上，则不易让人产生进步的感觉（不要告诉"微习惯"我说过这句话）。

· 中等目标：没有小目标那种超级简单的开始和易于坚持的好处，也没有大目标完成后带来的那种鼓舞人心、令人满足的力量——与其他两种规模的目标相比，似乎没什么优势。

· 大目标：通常会令人望而生畏，难以坚持，当面临失败或筋疲力尽时，会使人泄气。

"最佳目标规模"的谬论

正如你从馅饼示例中看到的，目标无论是大是小，实际上都没有"完美"可言。然而，任何一种规模的目标，都有人发誓说它是最好的。这就是人的本性，不是吗？挑一块馅饼，然后为它战斗到死。你会在政治领域看到这样一种情况：只选择一个方案的人，比认识到多个方案的优点和缺点的人更多。体育圈也是如此。一个球队的球迷会讨厌另一个球队的最佳球员，尽管这个球员已经赢得了 6 次超级碗冠军，而且显然是史上最伟大的四分卫。在寻求唯一"正确"答案的过程中，我们往往会避开其他答案中正确的部分，并且对自己答案中的缺点视而不见。

再来看看优点馅饼和缺点馅饼。你有注意到什么有趣的地方吗？看到对称性了吗？

缺点馅饼与优点馅饼刚好互补！例如，大目标的缺点在于它们可能会让人望而生畏，并导致无疾而终，而小目标的优点是可以避免这种僵局。小目标的主要缺点在于，某一天，我们在练习一分钟的吉他时，不会再感受到鼓舞或兴奋。而这恰好是大目标的优点所在，因为练习两个小时的吉他或者学会弹一首新歌很令人兴奋，还能给人鼓舞。

中等目标位于中间，平衡了两个极端。它的优点和缺点也是相对的。中等目标并不会令人感到惊奇，这样的目标不大不小，执行起来不会很简单，但也不是很难。中等目标既不是最好的，也不是最坏的，而是处在中间，有时这正是我们所需要的。

这些目标大小不一，彼此间完美平衡。人们不禁要问：为什么我们只选择了其中一个，然后宣扬它的优点，却忽略了它的缺点？让我重复一下最关键的部分：为什么我们只选择了其中一个？为什么不把它们结合起来，找到一种方法来利用不同规模的目标的优点呢？这样一来，就可以消除它们的缺点了。

听起来好得难以置信？不，其实真的可以做到！我就是这样生活的。正因如此，我才能够像恶龙飞出火山一样从可怕的消沉低谷中走出来。这就是弹性习惯，一种完全灵活的目标和习惯养成策略！

这三种不同规模的目标就如同一个专门的团队，有各自不同的分工。你可能只使用过其中一个目标（就像我以前一样），也可能在很长一段时间里只是僵化地从一个目标切换到另一个目标，而不是根据生活的实时情况流畅地切换。不用担心，我们以前都有过这样的经历，但此刻你读到了这本书，这意味着你有一个独一无二的机会，可以走上新的人生道路，比以前更聪明地生活。

下一个问题是：如何将这三种规模的目标整合在一起，使之成为一个有意义、操作流畅、可以融入我们繁忙生活的系统？我将在后面的章节中具体介绍。

现在，我们将深入研究行为的改变，并对动力进行思考。我在《微习惯》中曾批评过动力，因为它不适合微习惯策略，但弹性已经改变了局面，动力在弹性习惯中发挥了很大的作用。我们在这里只触及了表面，下面还有更多有趣的启示。小心六鳃鲨。

结束语

不同规模的目标可以协同起效。
当你能够获得整体的力量时，
为什么只选择一个目标呢？

第 **3** 部分

动力：通过选择来释放

选择是生活的调味品，也是行动的强大动力。

第 5 章
动力上的突破

悲观者在机会中看到困难，乐观者在困难中看到机会。

——温斯顿·丘吉尔

　　动力驱使人们采取行动。当你追求一个目标或尝试培养好习惯时，理想的做法是创造一个使你取得进步的动力相对较强的环境。如果你读过《微习惯》，可能会觉得这很奇怪，因为曾经的我不喜欢动力，喜欢意志力。现在来说一说我为什么会改变。

　　意志力是一种有意识的行动决定，但它不是在动力的激励下展开行动的。意志力仍然是培养微习惯的最好方法。如果你只追求微小的行为，那就不需要关心动力。例如，像只走一个街区或只弹一首钢琴曲这类简单的事情，就不值得花时间或精力去考虑如何激励自己。即使你感觉没有动力，也可以强迫自己去做，因为这些事都很简单。

　　对于弹性习惯，同样要以微习惯为起点（仍然可以用意志力去培养这些微习惯），但是你也会有更高级别的目标，这些目标会从提升的动力中受益。通过横向和纵向地扩展习惯，我们为每个习惯提供了 9 种选择。这 9 种选择中的每一种都有自己的动力。听上去是不是很棒？

传统习惯：只有一种获胜的方式

弹性习惯：有 9 种获胜的方式

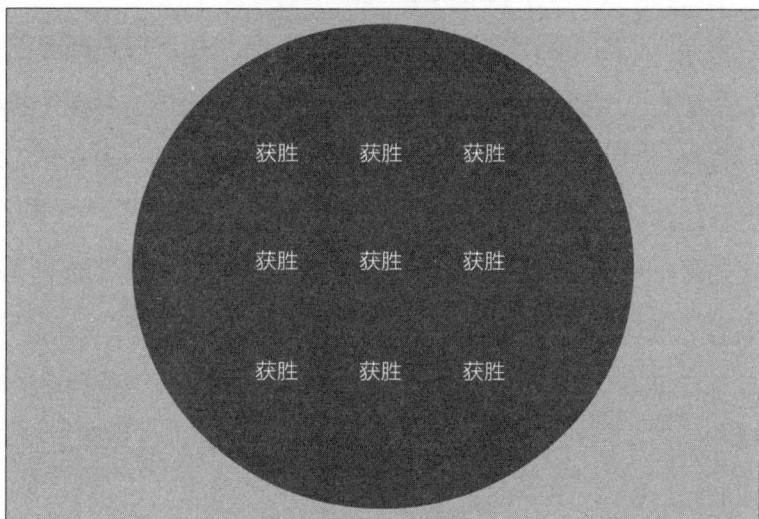

这很令人兴奋，因为即使你受到激励后只完成了以上这 9 种选择中的一种，你仍然会赢得胜利。不用担心，在后面的章节中，我将解释这 9 个选项分别是什么，如何创建它们，以及为什么拥有这么多选项也不会让人不知所措。

随着所处环境的变化，不同规模的目标有时会帮助你产生动力，有时则相反。正如前文中斯坦福大学的研究成果，在某些情况下，小的"子目标"是有帮助的，但在其他情况下，它带来的伤害要大于它的作用。这似乎是一个开创性的想法。让我们来具体看看。

3 个动力有效点：成就、尊重、荣耀

想象一下，一位将军说："从理论上讲，我们有可能赢得这场战役，所以我们现在就进攻吧！"而实际上，胜利可能会避开他，因为尽管有获胜的可能，却并不能保证成功，他似乎是在盲目进攻。那么来考虑一下一位传奇将军的建议吧：

上兵伐谋，其次伐交，其次伐兵，其下攻城。

——《孙子兵法》

正确的心态不是"一切皆有可能，所以我要全速前进"。相反，我们必须说："我的最终目标是可能实现的，我将发展适当的策略，以确保成功。"伟大的战略来自对战场更好的理解，所以我们首先剖析一下，目标动力如何起作用。

目标动力：崩溃

如果问人们为什么会追求目标，有人可能会说："为了利益。"这是追求目标的正当理由，利益确实会带给我们动力。但还有另一个动力来源需要考虑。让我用两个古怪（可能会有点令人不安）的问题来进行解释。

1. 如果让你在墙上打一个洞或者在天花板上行走，你会选择哪一个？

你有答案了吗？

我敢打赌你一定会选在墙上打洞。尽管在墙上打洞不太好，但它的优

势在于比在天花板上行走更容易实现。我想，如果你突然开始在天花板上
行走，人们一定会觉得你很了不起，那么你为什么不这样做呢？因为即使
在天花板上行走肯定要比在墙上打洞更有成就感，但由于地心引力的作用，
在天花板上行走是根本无法实现的。你必须要有特殊的设备才能尝试在天
花板上行走。由此可见，可获得的成就感是激励我们选择一种行为而不是
另一种的关键因素。

**2. 如果让你从在墙上打洞和亲吻响尾蛇（方便起见，蛇就放在你面前）
之间做出选择，你会选择哪一个？**

我想你会在墙上再打一个洞。2017 年，美国佛罗里达州的一名男子确实
尝试了亲吻响尾蛇。之后蛇咬了他的脸，飞机将他送进医院。BBC 新闻报道称：
"我们现在还不清楚这位先生为什么要亲吻响尾蛇。"的确，人们很难想出合理
的理由去亲吻响尾蛇，毕竟这种生物攻击性很强，还有剧毒。在我看来，亲
吻响尾蛇没有什么真正的价值，只会带来痛苦。当我读到这篇报道的时候，可
能会笑出声来，但是那个吻蛇的人进了医院，这对他来说就没那么有趣了。

其实，想要亲吻响尾蛇很简单，只要俯下身来噘起嘴唇就可以了。这比
在墙上打洞省力多了！但是我们依然会选择在墙上打洞，这次的原因却不同
了。在墙上打洞很费力，可以说是不太容易做到的，但也比亲吻响尾蛇给我们
带来的好处多（伤害较少）。这就凸显了行动价值是激励我们采取行动的另一个
关键因素。行动价值是由我们感受到的痛苦和（或）从中得到的回报决定的。

"成就峰值"和"最大目标价值"代表了两个动力"有效点"。最佳动力
有效点会在成就峰值和最大目标价值之间取得一种平衡。如果某件事很容易实
现，即使它带来的好处不多，这种可实现性带来的成就峰值也能激励我们采取
行动。毕竟，我们总是想达到目标的。如果某件事非常有价值，但很难实现，
那么实现此事的最大目标价值也可以激励我们采取行动。毕竟，我们想要更
大的满足感和更大的目标利益。通过战略性地区分我们的目标，我们可以把
它们放在最佳动力有效点上来激励行动，到时候就会有很多诱人的选择了。

聪明的策略不会要求你凭空变出动力来。相反，它会带你去找动力。这就是弹性习惯的作用。弹性习惯可以向任何方向伸展或收缩。不同于单一目的的目标，弹性习惯的目标可以到达不止一个动力有效点。接下来，让我们仔细看看这些动力有效点。

动力有效点

成就（小目标）：无论你追求的是什么，你都希望成功。

动力思考："我一定能做到。"

说到行动，我们会考虑的第一件事通常是："我能做到吗？我能成功吗？"这听起来有点傻，因为关于追求目标的大多数问题都是决定是否行动的问题。在"这件事可行吗"这一问题中，蕴藏着潜台词"我真的能做到吗"。而在追求长期目标和养成习惯方面，问题就变成了"我能让自己每天都这么做吗"。这个问题比一开始的问题难多了。

人们所获得的成功和追求成功的方式甚至有可能超出你最疯狂的想象。事实的确如此。历史上的人们已经证明了这一点，他们过着五光十色的生活。但这种可能性也许是残酷的，因为如果你太过沉迷于未来的可能性——未来有着无限可能，就可能会忽略当下生活中的可能性。你现在所能采取的行动是通往更美好生活的必经之路，它们会为你带来更好的未来。

> 人不能沉湎于梦想而忘记生活。
>
> ——《哈利·波特与魔法石》，J.K. 罗琳

如果不顾当前的现实，只是沉浸在理论上的可能性中不能自拔，那就会非常危险，会导致完美主义和抑郁。然而，我们生活在一个鼓励逃避现实的世界里，人们会说："只要用心去做，就可以做到任何事！"

如果我想让自己来一场时光旅行呢？工作了 35 年后，我按下了时光旅

行的按钮……什么也没发生。现在我很伤心，有人欠了我 35 年。

完美主义者常常感到沮丧，因为他们在现实生活中从未充分发挥过自己的潜力，而且永远都不会。你，我，还有世界历史上的每一个人，在我们生活的每个领域都有（或曾经有）未开发的潜力。是的，我们可以（在任何事情上）做得更好，但出于许多原因，我们却没有做到。没关系，生活就是这样，毕竟时间和资源都是有限的。这种可能性的差距将永远存在。我们可以通过探索各种可能性来寻找乐趣，但不要迷失在其中。

从下意识胜利到下意识失败，都属于实现目标的范围。如果你今天试着拍一次手，你一定可以成功。这一点很容易实现。如果你试图穿着企鹅服游到马里亚纳海沟的底部，你准会失败（大致相当于与响尾蛇接吻的失败程度）。这根本不可能实现。企鹅服实在是太难找了。

啊，对了，马里亚纳海沟有 11 034 米深。

随着目标难度从容易实现变为难以实现，再到不可能实现，你追求这个目标的动力自然会减少。小目标的动力有效点在于这个目标很容易实现，而且会给你带来一点回报。实现任何目标都会有所收获，这比什么都没有要好得多，这种收获意味着连胜的开始，可以激励一个人一直进步。

小目标在任何情况下都能经受（来自内部或外部的）恶化。它们就像一张安全网，在你失意的时候会接住你。任何一个尝试过"微习惯"这种实现小目标的方法的人都知道，每天轻松取胜是非常令人振奋的。你的小成就可能看起来很普通，但它们可以影响大脑，使你产生动力。小目标最吸引人的地方在于，它是百分之百可以实现的，因此小目标（在得到正确理解并正确执行时）能自然而然地激励我们去行动。小目标提供了一个很棒的动力有效点。

当我们向上攀登，去考虑更大、更好的事情时，我们需要问问自己，下一个动力有效点在哪里。小成就提供了最终成功的力量。随着我们扩大目标的规模，在哪些程度上，目标会带来全新的好处？随着目标变大，成功的可能性会降低，而新增加的另一种动力来源可以弥补这个损失吗？

尊重（中等目标）：一天的体面工作是令人满意和有意义的。

动力思考："这是一项值得尊重的成就。"

受人尊重是下一个动力有效点。我并不是说微习惯就不值得受到尊重，这种策略有助于人们坚持下去，还可以改变思维，再加上它所蕴含的整体智慧，使得微习惯在长期习惯形成和目标追求的范围内成为一种受到尊重的策略。但如果就一天的范围而言，一个小目标可能会让人感觉微不足道。

每个人的目标都不一样，以我自己为例，我只要做几个俯卧撑，就能保持运动连胜纪录。这对我而言是一个不错的长期计划，但我并不会在完成后的第二天向朋友吹嘘这个成就。如果我做了 30 个俯卧撑，第二天我回想起这个数字时会感觉很好。这谈不上是一种荣耀，也不会令我欣喜若狂，只是还不错而已。对我来说，能做 30 个俯卧撑已经很不错了，这种强度的锻炼对于我保持健康和瘦身的目标有实际的价值。

虽然中等目标并不像微习惯设定的小目标那样能确保成功，但它们在大多数情况下都是可以实现的。除了受人尊重和得到一些实质性的好处，成就和价值也是中等目标吸引人的要素。当我们上升到更高的级别，成功的可能性会下降更多，但这是可以弥补的。

荣耀（大目标）：谁不想要荣耀？重大的胜利是令人兴奋的。这就是梦想。

动力思考："这是一个重大的胜利，也是我在追求荣耀的道路上迈出的令人兴奋的一步！"

下一个动力有效点可以简单地被称为荣耀。无论你想成为一个什么样的人，无论你想做什么事，你都希望获得荣耀。如果你每天都进行密集的训练，你迟早会熟练于此，不仅可以擅长做这件事，而且会在该领域变得非常优秀，成为精英。在任何一天做一些有意义的事情都能把你和你的梦想联系起来。

荣耀这个动力有效点不仅适用于健身或学习一门新语言等可以看到进展的练习。你可以借此熟练地把家里收拾干净，你可以想出创意，学会写商务信函，掌握园艺，学会弹钢琴、写作、（快速）阅读等，还可以让自己做到专注。

对于规模较大的目标，在任何一天里带来回报都是最大的、最令人向往的，但同时大目标也是最难以坚持下去的。那些在弹性习惯方面失败的人，会抱着"只接受重要成功"的想法，然后放弃小目标和中等目标。如果你也是如此，那么你只是在追求其他对你来说从未奏效的目标建议（至少对我来说从未奏效）。

弹性习惯是一个特殊的系统，因为三种不同规模的目标都有各自的动力和吸引力。当你处在低谷的时候，你要爬进成功的怀抱。当你因为平庸感到沮丧时，你就会努力争取一个更大的、更有价值的胜利。当你处于中间状态时，你应该采取中间立场，并庆幸自己还有选择。

拥有三个纵向的目标选择可以有效地将你的动力提升三倍，使你能够获得各种价值。但更好的还在后面。下文中介绍的"目标心锚"现象，会让你的动力放大不止三倍。

结束语

尽管动力在习惯领域已经不受欢迎了，
但那是因为严格的目标设定只能提供一种形式的动力。
既然我们有三种不同的激励因素——
成就、尊重和荣耀，
我们在任何情况下几乎都可以找到动力。

第 6 章
双向杠杆的目标定位

经济学家指出，任何一种选择的好坏，都不能脱离其备选方案而单独加以评估。

——巴里·施瓦茨

商人和销售人员通常是狡猾的。我们对他们谈不上喜欢，但他们中的许多人对心理学有着令人钦佩的理解。我们知道，价格心锚是最古老、最广泛、最有效的销售技巧之一。现在来看一看价格心锚的原理。

我打算以 24 万美元的价格把我的车卖给你。但等等，由于你是我的朋友，我决定降价 5 万元。如果你在 30 分钟内买下它……我会直接把价格降到 39 999 美元！对你来说，这是一笔难以置信的交易。我把汽车的价格降低了 20 万美元。但唯一的问题是，当初我买下这辆新车只花了 32 000 美元。它的出厂价都不到 39 999 美元。仅仅是因为我一开始把价格定为 24 万美元，才使得这辆车在一段时间里看起来很便宜。

价格心锚是指商家给某件产品定了很高的价格，即使他们并不打算以那么高的价格出售。销售人员会像预期的那样夸大产品的价值，抛出一个或多个高价点。你是否认为要价过高并不重要，关键在于一开始就把价格和产品联系起来。通过各种各样的技巧和说辞，销售人员会向你介绍越来越低的价格点——与原来的高价相比，这看起来很划算。这个过程的关键词是"比较"。

人类会情不自禁地进行比较。我们会比较价格，拿自己和别人比较，还会比较照片墙上的粉丝数和 Facebook 上的点赞数。价格心锚正是利用了人类的这种比较心理，并以最吸引人的方式给出实际的价格。促销、减价、折扣、返利、优惠券、清仓和限时秒杀永远不会消失。只要人们还在卖东西，价格心锚就会存在。如果你身处商业领域，就应该聪明一点，学会利用这种方法。

我从最近购买的一个产品中看到了价格心锚的最佳示例之一。相信我，我从来没打算花将近 200 美元买一台净水器，但他们还是说服了我。

当我绞尽脑汁，想弄清楚我喝的水里有哪些污染物会害死我的时候，这家公司用一句话消除了所有的噪声："饮用水过滤器，优化你所在城市的水。"我当即就购买了这款产品。在那时，价格几乎变得无关紧要了。市场上通用的水过滤器有几十种，然后有一家公司专门研究你所在城市的水并为你定制过滤器。因此，我马上就购买了。

我每天都喝很多水，但我不知道我所在城市的水里有什么奇怪的物质。而这款过滤器是为我每天大量喝掉的水定制的，成功地针对所有的"哑巴"通用型水过滤器设置了心锚。说实话，我并不知道我的定制净水器有多特别。但不管怎么说，这是一个绝妙的心锚，并且为商家赢得了一笔生意。

为你的目标设定心锚

一些读者告诉我，他们会对自己的微习惯感到抗拒。我以前也有过这种感觉。我的下意识反应是："只是一个俯卧撑而已。想做就做。"但更好的反馈应该是问问自己，对于这样一个简单的目标，为什么会发生这种情况，以及它是如何发生的。

微习惯的优点在于它很容易实现，或者说很容易做到。问题是，就像所有的非弹性目标和习惯一样，微习惯无法针对任何事物设定心锚。正如本章开头部分的引用："任何一种选择的好坏，都不能脱离其备选方案而单独加以评估。"

你可以将一个微习惯与你过去设定过或未来可能设定的目标进行比较，但这是一种相对较弱的心锚，因为我们倾向于关注当前的价格，而不是假设的或过去的价格。如果有人告诉你一张棒球卡过去价值 300 美元，但现在的价值只有 50 美元，而他们会以 35 美元的价格卖给你，那么你的心锚不是针对过去的 300 美元，而是针对 50 美元这个当前的感知价值。

当一个微习惯成为你的主要策略时，它就是它"本来的样子"，不针对任何事物设定心锚。但当你的目标做起来很简单，也不会产生什么不可思议的价值时，就很成问题了！这也解释了为什么人们会对一个可以在一分钟或更短的时间内完成的行动感到抗拒。

我们都习惯设定目标。如果一个微习惯在你的脑海中只是"当前正在尝试的目标 / 习惯策略"，那么你就没有完全看到它有多么的不同。这就像你在踏入一家商店之前就决定不买任何东西一样：有时候，因为以前的经历带来的折磨使人感到失望，你就会否定追求目标和习惯的整个想法。而在拥有了一些更好的东西之后，如果你不设定心锚，从而进行比较，你可能仍然会以同样消极的眼光看待它。

双向杠杆

心锚在执行弹性习惯方面的作用要大于其他方面。大多数价格心锚是从高价开始，逐渐降低，以使低价更具吸引力，弹性习惯的心锚则是上下双向设定的。这种方法是正确的。有了三种大小的目标可选，你就可以在两个方向上设定心锚了！

首先，我们来看一看心锚如何使小目标更吸引人。我提到过，微习惯的问题在于它们是"浮动"的，而缺乏比较会使人们对这些原本易实现的行为的认知变得复杂化。举例而言，大脑可能会把"拔掉花园里的一棵杂草"理解成"你今天必须做的一件讨厌的事"。这两种说法都是指同一件事，但后者会使人感到更加压抑、麻烦和困难。

　　与小目标一样，把你的中等目标和大目标也视为活跃选项，你可以看看这些目标的大小和难度，看看与它们相比，你的微习惯有多么容易。不要把微习惯看成"今天的义务"，微习惯不单单是一件简单的小事，还是你的安全网，这张网可以确保你永远不会有失败的一天。这将大大提升微习惯对你的吸引力，从现在开始，你要决定完成哪个目标，而不是要不要做"今天必须做的一件事"。

　　现在来看另一个方向。将你最雄心勃勃的目标与中小型目标相比较，会使它们看起来更了不起，完成后感觉更充实。在一个典型的单独目标设置中，不管你的目标有多大，你都只是在"做你的工作"。它独自存在的事实会让你习以为常。但现在，每次你会从不同的目标中选择最高级别，你就会知道你选择了最困难的选项，以获得最大的回报。这种感觉很特别，因为它的确很特别，三个不同选项的灵活性创造了多个锚点供参考。

　　你可以想象这种双向杠杆的好处有多大，它既能让你坚持下去，又能推动你实现更高的目标。当某一天你考虑要实践哪种等级的行为时，你会被小目标小而简单的本质和大目标令人满意的大胜所吸引，还会觉得这两者之间的中间状态也不错。来自各个方面的吸引力都会让你感到兴奋和新鲜。

追求目标应该是一种什么感觉

　　追求目标或习惯应该让人感到振奋，这是一个富于挑战性和探索性的过程，会让人感觉有趣、充满希望和活力，觉得自己浑身都是力量，甚至让人感到神奇。想想，还有什么比改变自己更神奇呢？

　　追求目标或习惯不应该让人觉得受到限制、没有意义、难以承受、沉重或者毫无生气。

如果你追求目标的感觉更像后者而不是前者，那就表示：

· 你没有给自己足够的自由。
· 你只是为了结果而行动。
· 你不是在为自己而行动。

但是当追求目标让你感觉不错时，那就表示：

· 你给了自己充分的自由，把主动权掌握在自己手中，这让挑战变得令人兴奋。
· 比起结果，你更喜欢过程。
· 无论现在还是未来，你都为获得胜利在做准备。

现在和以后的难题，由我们的情绪来解决

我知道追求目标可能会让人感到失败。如果你采取非常小的步骤来确保自己可以坚持下去，你就会觉得没有把自己的全部潜力发挥出来。如果你追求的是极端远大的目标，它就会让你精疲力竭，无法养成终身的好习惯。中间地带就像是陈腐的妥协，既不能给你大目标带来的兴奋，也不能给你小目标带来的踏实。

通过多种选择，我们可以抵消自身产生的任何负面感觉。你是否觉得自己做得还不够？可选择的目标提供了一个强大的推动力，鼓励你去做更多，争取更大的胜利。你是否觉得自己精疲力竭？给自己一个理由休息一下，争取更容易的胜利。你觉得自己处于中间地带吗？再给自己一点压力，但不要太大：这是实现中等目标的完美状态。

我们的情绪是一种很好的指示器，正确地利用情绪可以引导我们每天

都做到最好。保持灵活，我们就不会觉得好像背叛了自己的欲望。如果你总是觉得要强迫自己才能把事情做好，那么你将迎来一个全新的且令人兴奋的改变。没有什么能比得上它。

很多时候，我发现自己开始因为做得太多或做得不够而感到沮丧，然后我就会想起，我的习惯是有弹性的，可以在当天完全适应我想要的行为改变。它们不仅适应了我起起伏伏的状态，还让我的努力得到了回报，不管我选择做的是什么。过了一段时间，我脑海中想的都是："嘿，我喜欢弹性习惯！"

自从使用弹性习惯策略以来，我做事比以往任何时候都更有成效，即使是与我在微习惯方面的体验相比也是如此。拥有弹性习惯就像拥有了一种超级力量，它可以毫不费力地推动你前进。其中的秘诀并不在于我找来一些励志视频让你每天早上 6 点起来看，而是在于你自己。无论你希望如何培养自己的习惯，这一策略都会适合你并为你服务！接下来，我们将介绍弹性习惯策略可能会采用的几种方法。

动力原型

每个人通过弹性习惯走向成功的道路是不同的。我们是不同的人，有着各自独特的动力原型、习惯和生活经历。下面介绍几种使用这种策略可能获得成功的途径。

使用的术语：我将使用正式的弹性习惯名称来介绍三个级别的成功。我称它们为普通、略好和优秀，分别表示小型、中型和大型的成功。普通（小）本质上和微习惯一样，有较多的横向灵活性。略好（中）来自这样一种想法，即你所做的超过了最低要求，尽管你不是必须这样做。优秀（大）则是基于这样一种想法：如果你坚持这种程度的行动，你就会成为某个领域的精英。

　　下面是一些可以使用弹性习惯的情况。有无数条可能的路径可供选择，所以这绝不是一个完整的列表。你还将预览该策略是如何起效的（本书后面将提供完整的应用说明）。

动力滚雪球者

　　吉姆有 3 个弹性习惯。他希望自己多锻炼、多喝水、多读书。

　　注意：根据吉姆的锻炼习惯，他可以在任何一天里散步、做俯卧撑或者跳一首曲子。他不需要把这 3 件事都做了。这就体现了横向灵活性。锻炼是一个很普通的习惯，3 种选择都是前进的方式。一旦吉姆选择了一项活动，他就拥有了纵向灵活性，可以获得任意级别的成功（普通、略好或优秀）。

　　请看下面表格中的第一个例子，你会看到 9 种不同的成功条件。选择太多？不，其实只有 3 个纵向的选项。吉姆会选择先做哪项运动，比如散步，然后根据他想要的收获和其他因素来决定做多少运动。或者他会先瞄准某个级别的成功，比如"略好"这个级别，然后从这个级别中选择一项练习。弹性习惯策略是不会出错的，而且实践起来非常简单，还很有趣。

　　吉姆的 3 个弹性习惯（他每天在每个习惯中选择一个选项执行。如果他散步走过一个街区，那么他就完成了当天的锻炼习惯。）

锻炼

普通	走 1 个街区	做 2 个俯卧撑	跳 1 首曲子
略好	走 6 个街区	做 20 个俯卧撑	跳 3 首曲子
优秀	走 20 个街区	做 50 个俯卧撑	跳 6 首曲子

　　这是不是比乏味的静态目标更令人兴奋呢？你知道自己会成功，因为这些选择都很简单，但你也有机会赢得更大的胜利！

　　有些习惯不适合横向灵活性，或者不需要横向灵活性。比如，喝水的方式只有一种（通过鼻子喝水感觉怪怪的），所以尽管有 3 个纵向级别，但执行的选项只有一种，阅读也是如此。

喝水	
普通	1升
略好	2升
优秀	4升

阅读	
普通	2页
略好	15页
优秀	40页

弹性习惯是一个新概念，因此很重要的一点是，我们要知道它在实践中是什么样的。我将吉姆视为一名"动力滚雪球者"，因为在完成习惯的旅程中，他一开始很慢，但后面越做越好，直到取得重要的进展。

吉姆（动力滚雪球者）的旅程： 在最开始的两周，吉姆只完成了 3 个习惯中最低的等级（普通）。他最近经历了一段非常艰难的时期，感觉自己处于低谷，只希望能赢得早期阶段的一些基本胜利。两周后，他看了自己的习惯追踪器，惊讶地发现自己成功地坚持了下来，并受到了鼓励。

吉姆每天都有很多事没有做，但同时他每天都在做一些事情，甚至可以感觉到自己的身体出现了微小的变化。正如我永远不会忘记每天做一个俯卧撑这件小事给我带来的改变。当你处于低谷时，一点点的进展都会让你觉得有意义，并且真的意义重大。

第 17 天，吉姆阅读了一本名为《弹性习惯 2：弹性更强》的新书，作者是斯蒂芬·盖斯。他在当天读了 43 页。这属于……优秀级别的成功！同一天里，他感觉很好，喝了 2 升水，这为他赢得了略好级别的成功。

在接下来的两周里，吉姆又赢得了几次略好和优秀级别的成功。他在这些关键领域逐渐获得信心，每天都对自己和自己的习惯感觉更好。吉姆最初只有一个"小雪球"，但现在这个雪球在滚动，变得越来越大。吉姆在第二个月里继续之前的势头，他一定会有很多略好和优秀级别的成功，而且他绝对不会回头！吉姆变成了一个全新的人。

平衡攻击者

斯泰西有 3 个弹性习惯，而斯蒂芬·盖斯也是这么推荐的。她的习惯包括写日记、学习小提琴和做生意。记住，下面的数字是她为自己设定的。

写日记

普通	写 1 句	—
略好	写 1 段	写 1 句并回顾 1 周的日记
优秀	写 1 页	写 1 段并回顾 1 个月的日记

你可以非常有创意地构建每一个级别的成功。斯泰西拥有获胜的选项，写作和回顾日记结合在一起，对这两者都能形成鼓励。但由于她想每天写日记，所以将写日记的最低标准定为一句话（她唯一的普通级别选项）。

可能存在一些没有普通级别的横向选择。举个例子，我在锻炼方面的一个横向选择是去健身房，但这自动成了优秀级别的成功，而不是普通级别。因为去健身房时，我总是至少锻炼 30 分钟，所以我没有普通或略好级别的特殊选择。如果你在健身房的锻炼方式变化很大，就可以考虑把"去健身房"作为略好级别的选项，然后将特定的锻炼时间或强度设为优秀级别。

学习小提琴

普通	练习 1 分钟	学习音乐理论 1 分钟	练习 1 首曲子
略好	练习 10 分钟	学习音乐理论 10 分钟	练习 3 首曲子
优秀	练习 30 分钟	学习音乐理论 30 分钟	练习 6 首曲子

做生意

普通	打 1 个电话	给 1 个人发电子邮件	写下 2 个商业创意
略好	打 4 个电话	给 3 个人发电子邮件	写下 6 个商业创意
优秀	打 10 个电话	给 7 个人发电子邮件	写下 12 个商业创意

斯泰西（平衡攻击者）的旅程： 斯泰西从一开始就有各种各样的成功。看看她的习惯追踪器，她从第一天起就完成了全部 3 个级别的任务。其实没有真正完美的模式可言。根据生活的内部和外部条件，斯泰西在每一个习惯的普通、略好和优秀级别之间自由切换。她总是尽力而为，这就够了！

斯泰西连续 3 个月取得不同级别的成功。每过一个月，斯泰西就会有策略地提高要求。她觉得写一段日记对于"略好"这个级别太容易了，于是在第二个月增加到两段。她可以这样做，因为这是属于她的系统，而不是那种千篇一律的、告诉她什么时候该做什么的程序。

赛马者

打个比方，阿德莱德正迫不及待地开始使用弹性习惯策略。她拥有《弹性习惯》的纸书、电子书和有声读物，并预订了《弹性习惯 3：橡胶化结果》。感谢支持，阿德莱德！她的 3 个弹性习惯是感恩、写作和专注训练。

感恩

普通	写 1 分钟你感恩的事	仔细思考 1 个感恩的想法	感谢某个想不到会感谢的人
略好	写 3 分钟你感恩的事	仔细思考 3 个感恩的想法	当面或通过电话、电子邮件感谢 2 个人
优秀	写 10 分钟你感恩的事	仔细思考 15 分钟感恩的想法	为某人购买或制作一份贴心的礼物

写作

普通	写 50 字	编辑 5 分钟
略好	写 500 字	编辑 30 分钟
优秀	写 1500 字	编辑 2 小时

专注训练

普通	冥想 1 分钟	做瑜伽 1 分钟
略好	冥想 10 分钟	做瑜伽 10 分钟
优秀	冥想 30 分钟	做瑜伽 30 分钟

阿德莱德（赛马者）的旅程：阿德莱德充满了热情，在前 10 天里，在所有 3 个习惯中，她至少做到了略好和优秀级别！她的势头非常棒，但她的动力和精力在几周后就开始有了变化。阿德莱德似乎从她为自己设定的标准中感觉到了压力。出于种种原因，在第 11 天，她后退了一步，只做到了这 3 个习惯的普通级别。一开始，她有点失望，然后松了口气，感觉很兴奋。她意识到自己可以在任何有需要的时候休息一下，因为普通级别的成功很容易做到，这很好地支持了她，使她在筋疲力尽的情况下依然能完成任务。

在第 12 天，阿德莱德完成了两个普通级别的习惯。这让她有点兴奋，因为她知道自己可以做得更好。她在随后几天又成功地完成了略好和优秀级别的习惯。然后，她有几天放弃了更高的目标，把注意力放在普通和略好级别上。这种冲刺加休息的模式持续了一段时间。

尽管有时阿德莱德为了提升自己而有点辛苦，但她仍然每天都在获胜，因为她可以灵活地在任何时候后退一步，并主动休息。每个人在弹性习惯方面的成功之路都是独特的，所有的动力原型和风格都会得到支持。就我个人而言，我有时需要普通级别的胜利，但如果我连续几天都只完成了普通级别时，我就会变得很有激情，经常会在第二天争取至少一个优秀级别的胜利。在很多情况下，我甚至取得了双优秀的胜利，这是我在一天内两次完成优秀级别目标时获得的奖励！我去健身房做了一次高强度的锻炼，然后走了 15 000 多步（这两项对我来说都是优秀级别的成功）。在另一天，我写了 3000 多字的文章，是我的优秀级别成绩的 2 倍。

你还会看到每个习惯带来的不同的成功。第一个月，我在阅读方面一次都没有达到优秀级别。阅读对我来说不像其他习惯那样重要。如果我写作 10 小时或泡在健身房里，那么即使不看书也无所谓。我很想看书，但看书对我来说有些费力，若是有一种方法可以督促我每天阅读又不会使我感到失败，那就太好了。

结束语

目标心锚让你看到不同级别目标的真正价值。
属于你的弹性习惯成功之路是独一无二的，
因为它并不是某种你必须遵循的确切方法，
而是一个有趣、灵活的框架，
并且非常适合你的生活。

第 **4** 部分

更聪明的策略，更优秀的结果

只要努力，就能获胜。有了强大的战略，便可以胜券在握。

第 7 章
策略和系统设计

没有战略的愿景只能是幻想。

——李·博尔曼

我们已经讨论了很多内容，现在我们需要讨论一下弹性习惯的系统设计。尽管你可能知道每日弹性目标的影响力（我们已经深入讨论过了），但若没有制定实现弹性目标的策略，那么你将一无所获。下一步是创建一个系统，将弹性习惯融入你的生活中，而这个过程比较复杂，好在我一直热爱系统设计。《微习惯》之所以能成为一本成功的书和一个成功的策略，并不在于"用小步骤帮助你前进"这个方面（这不是什么新想法），而是凭借其方法论。

在本章中，我们将对弹性习惯系统做一个概述，说明弹性习惯系统是什么，它是如何起效的，有哪些好处，我们对其有何期待，等等。弹性习惯策略是指弹性习惯需要遵守的原则，它们是弹性习惯的支柱，会对你的弹性习惯战术提供指导。

1. 智能追踪：追踪你的习惯是习惯养成过程中最重要的部分。这是你的责任，也会给你带来回报。随着连胜的延续，这可以强化你的承诺并使你产生继续下去的动力。

我将向你展示如何使用标准日历追踪弹性习惯。我还创造了定制的弹性习惯追踪器（在 https://minihabits.com 上有售），使分析你的进步成为一种乐趣。弹性习惯追踪器比其他追踪工具更有效，因为它把一个月一分为二，按 15 天的周期进行追踪。（我们将在弹性习惯产品说明中讨论 2 月份和有 31 天的月份。）我分析和测试过几个时间段，发现一周太短，一个月又太长，而一整年会让人不知所措。大约每两周复盘一次，是追踪弹性习惯的最佳节奏。

每过 15 天，你会得到一个分数来量化你的表现，你可以将它与另一个 15 天周期的分数进行比较，以了解你的进展。到了月底，你可以把两个 15 天周期的分数加在一起，得到一个月的分数。有了弹性习惯的多重成功级别，分数的量化有助于激发更大的成功和更长久的坚持（你也会因为长期坚持而获得分数奖励）。我们将在本书的最后更详细地介绍弹性习惯追踪器。那会很有趣！

2. 简单且轻量级的执行： 有一些优秀的行为系统，比如戴维·艾伦的 GTD（Getting Things Done）系统，它在设计和理论上都是惊人的，但对有些人来说，在是否易于坚持这方面却有致命的缺陷。我曾经尝试执行过两次艾伦的 GTD 系统，但都没有成功。它对我来说太难了，需要很多的组件和大量的日常微观管理。尽管如此，我仍然是艾伦那本书及其思想的忠实粉丝，我很喜欢他著名的两分钟法则（如果一件事只需要两分钟或更短的时间，那么不假思索地去做就好了）。

我相信要想保持一个习惯系统正常运转，就要尽量减少行动所需的时间和行动次数。我可以这样说：一旦弹性习惯系统（又快又容易地）建立起来，你通过这个系统与习惯进行的每次互动都将是短暂而有趣的，你还会从中得到收获（既不乏味也不耗费时间）。每天只需要不到 20 秒的时间，就可以维护这个系统。如果你按照建议每隔 15 天给自己打分，那么每两周只需要花两分钟的时间。这在生活中是一件很容易做到的事，使你可以坚持下去，并且得到巨大的回报。

3. 生命意识方法论： 一个智能的系统会考虑所有可能情况的解决方案。弹性习惯系统建立在现代人忙碌、紧张的现实生活基础上，而不是基于理想主义的幻想。你会从中找到解决休假、旷工等问题的办法。灵活性是该系统的核心特征，这意味着它的"生命意识"是其他静态目标方法论的 10 倍。

4. 目标和意图的现实性： 习惯的养成通常不会有什么明显的感觉，而弹性习惯具有真实环境集成的特性。换句话说，你的日常目标和习惯可以以弹性习惯海报的形式"存在"于现实世界中。你甚至可以与它们互动，我将在本书后面的产品说明部分对此进行讨论。

5. 自动解决问题： 在追求目标和习惯的过程中会遇到很多问题，其中大多数是内部问题：我们为自己找借口，我们想要完美的行动（结果却什么也没做），我们厌倦了几个月前设定的无聊目标，我们拖延和推迟我们的梦想，我们逐渐失去动力，等等。许多书籍和行为系统试图引导人们解决这些单独的问题。这可能会有所帮助，但还有更好的方法。

弹性习惯系统和策略旨在自动解决这些问题。例如，面对普通级别的选择，你就没有借口了（太容易做到，没法找借口）。完美主义者可以在习惯追踪器里填满每一天，以此找到满足感。动力有效点可以在很多方面激励你。最后，灵活多变的系统会提供持续的新鲜感，适应你的不同需要，保持你的兴趣。

好的设计有利于问题的解决，出色的设计能在问题出现之前就将其解决。在弹性习惯系统中，你不再需要处理那些经常出现在陈腐、僵化、脆弱的目标中的内部障碍。你将发现，当你按照预期使用弹性习惯系统时，最常见的障碍都消失了。

6. 横向灵活性： 最初的微习惯拥有一定的横向灵活性，我称之为混合微习惯。弹性习惯的横向灵活性则更加广泛，你的每个习惯都有多个横向选择。现在来看一些例子：

· 学吉他：学习音乐理论，练习和弦，练习曲子。
· 锻炼：力量训练，有氧运动（或高强度间歇训练），拉伸 / 瑜伽，积极的休息日（散步、游泳等）。
· 写作：撰写内容，编辑内容，调研，推销你的作品。
· 做家务：清洁和整理一个区域或整个房间，做一种清洁工作（扫地、用真空吸尘器吸尘、擦灰等），处理不想要的东西（精简），整理收纳地板上的东西等。

　　除了上面列出的这些，定时选项（例如做一分钟家务）几乎适用于所有的习惯。下面还有几个例子，说明了为什么灵活的选择能让你告别那些被迫发生的尴尬间断（其他策略也是如此），每天都获得成功。

　　当你开始弹吉他时，指尖处柔软的皮肤会因按压琴弦而受伤，甚至流血。你需要一段时间来让那里的皮肤变得坚韧。通常情况下，如果你的手指流血了，你就不得不休息。但你的弹性习惯有了横向灵活性后，你仍然可以通过每天学习音乐理论来坚持学吉他这个习惯，等待手指复原。

　　运动的方式几乎没有限制。我（和其他人）在养成锻炼习惯时发现了一个问题：每天重复同样的运动未必是一种好的选择。如果你做了高强度间歇训练、力量训练或任何其他高强度的运动，你都需要一些时间来恢复。即使是道恩·强森这样的健身达人，每周也需要休息一次。

　　通过弹性习惯，再加上横向灵活性，你就可以让你的锻炼习惯成为日常活动。如果赶上休息日，你可以通过散步或游泳来满足你的要求。无论你的身体情况如何，是否受伤，有了弹性习惯，你就总是有事可做。更好的是，正如你将在下一个原则中看到的，它甚至能让你在休息日获得优秀级别的胜利。横向灵活性是战略的一部分，当你的计划受到意外干扰时，横向灵活性的存在使你不会感到内疚。你可以在任何一天调整你的活动，保持连胜势头。

　　来看看这有多棒。我住在奥兰多，家附近有一个很大的主题公园。我的 3 个弹性习惯是阅读、写作和锻炼。即使我想在主题公园度过一整天，我也可以在公园里实现我所有的日常目标（通常在家里或健身房完成）。

· 锻炼：散步对我来说很重要。如果我愿意，我可以每天通过步行来达到我的运动目标（散步是一种基本的功能性锻炼，而且非常奇妙）。我的成功等级分别是 5000 步、1 万步或者 1.7 万步。在主题公园逛一整天需要走很多路，我的积极活动得到了回报。现代智能手机可以自动计算步数。我使用的是谷歌健康平台，安卓系统有内置的计步器。苹果手机也可以通过健康应用程序来追踪步数。你也可以下载其他一些具有不同功能的计步器应用程序。

· 写作：我可以在手机上的专用程序中写作（我使用的是谷歌云笔记），以满足我在任何地点写作的需求。随后，我可以把写好的内容转移到我的电脑上。

· 阅读：我在手机上阅读，排队等待游艺项目时是一个很好的用手机阅读的机会！我从不觉得自己被束缚，只觉得拥有力量和自由。并不是所有的习惯都可以在家以外的地方养成，但是很多习惯在某种程度上都适合在户外完成。但愿你能接受这个策略的精神，并在对你而言重要的领域找到更多的获胜方法。

　　弹性习惯会使你看到更多环境中的新机会。即使环境不太理想，有了灵活的策略，你也能找到每天获得成功的方法。如果出于某种原因（比如全身都打了石膏），我不能完成我的锻炼选项，我会尝试创建一个临时的新选项。对弹性习惯而言，不仅允许讨价还价，还鼓励这么做。若面对的是一个普通的目标，这样调整就会使人感觉像是失败了（若是那种"要么成功要么失败"的严格目标的结构，那你的确失败了）。看出不同了吗？每天都要找到成功的方法。适应之后就去征服！

7. 纵向灵活性： 纵向灵活性和横向灵活性同样重要。弹性习惯可以扩展和收缩，有壮观的高点，有适度的中间状态，还有非常容易完成的低点。

正如第 6 章所讨论的，纵向灵活性创建了有价值的心锚供你参考。心锚使小目标看起来更小（更容易），使大目标看起来更大（回报更多）。我称之为双向杠杆，因为你可以利用大目标（高级别的选项）使小目标（低级别的选项）看起来更简单，利用小目标使大目标看来更了不起。

明确地定义纵向灵活性是很重要的。例如，说"要跑步"涵盖了所有可能的距离范围，并提供了无限的纵向灵活性，却没有给你动力或理由去跑任何特定的距离。相比之下，说要跑 1.5 千米会好一些，而在每天跑 0.5 千米、1.5 千米或 5 千米之间选择是最好的。

在你的目标中加入纵向灵活性就像在一道菜中加入新鲜的调味品和香料一样。日复一日，这会使整个体验更加令人兴奋，带给你更多惊喜！

有了纵向灵活性，你总是有办法休息或挑战你的极限。在需要的情况下，你总是可以优先考虑一种行为。

8. "活着"的目标： 当你设定一个典型的目标时，会发生什么？它不会改变，不会移动。它在那一刻凝固了，就像是"死"了一样。这种目标很无聊，感觉就像一项需要完成的工作。

你决定每天练习一小时钢琴，仅此而已。你希望每天都能达到这个标准，最好的情况就是在大多数时候都能达到这个标准。弹性习惯可比这有趣多了！

如果你有一个弹性习惯，那么在任何一天里，你可能会惊奇地获得"双优秀"或"优秀 +"级别的胜利。同样，你也会有最高级别的目标，然后在同一天里，你可能获得这个级别的胜利。这是一个巨大的胜利，而且，给自己满分会使你感觉很好（如果将这个分数保持下去，你还可以得到额外的分数奖励）。

随着时间的推移，你可以战略性地纵向或横向移动你的目标。为了保持新鲜感，你甚至可以改变你的横向选择。如果你平时主要是练瑜伽，你也可以偶尔换成爆发力训练。有了弹性习惯的系统，这些转换会变得天衣无缝。

9. 自然的回报： 外部奖励是传统习惯养成系统的重要组成部分，但是一个设计良好的系统却不需要（即便需要也很少）外部奖励来强化行为。这是因为在养成习惯的过程中有很多内在的奖励：

- 任何胜利都是好的，只要不是零分，这一天就是鼓舞人心的。
- 每一次巨大的胜利都让人感到兴奋。
- 看到自己有了真正的改变，是非常令人激动的。
- 连续几天、几周、几个月获得成功，会让人感觉充满了力量。
- 每种行为都会产生独特的回报（运动产生内啡肽，阅读带来知识，冥想带来平静，等等）。

实现最激动人心的目标和养成影响生活的好习惯，要比任何外部奖励都更有意义。让你的大脑和行为变得更好，是世界上最美妙的感觉之一。然而问题是，在你获得成功之前，这些通常都是看不见摸不着的。因此，我创造了一些工具来改变这种情况，使你不仅可以看到、感受到，还可以展现出你在弹性习惯上的成功（我将在产品说明部分详细讨论这一点）。现在，让我们先从策略和战术方面开始讨论。

目标决定策略，策略决定战术

第 4 章的开头引用了孙子的一句非常重要的话，大意是"所有人都能看到我克敌制胜的战术，但没有人知道我是如何制定并运用策略的。**不要**

重复使用曾经助你取得过胜利的战术，而要根据各种情况来调整方法"。这句话强调了这样一个事实：策略才是真正的胜利引擎。

如果要用一句话来定义这本书，我会选择这句话，尤其是粗体部分。弹性习惯是一种策略，这就是为什么你的习惯（你做什么，做了多少）每天都在变化。指出这一点非常重要，因为很多人只关注战术。

你可以看到一些人的成功，但仅仅看到他们的战术并不意味着你就可以复制他们的成功。正如孙子所暗示的，了解和理解驱动战术的策略思维更为困难。这里有一个著名的例子，说明了为什么你不能只相信战术。

世纪之战

在一场如今被称为"世纪之战"的比赛中，13 岁的国际象棋神童鲍比·菲舍尔与 26 岁的唐纳德·伯恩展开对决。这场比赛之所以出名，是因为伯恩的象攻击了菲舍尔的后——后是国际象棋中最厉害的、重要性仅次于王的棋子。菲舍尔没有像大多数棋手那样移动来保护他的后，而是移动了他的象。接下来，伯恩采取了明显的行动：他吃掉了菲舍尔的后。此时，观众和专业评论员都认为菲舍尔一定会输掉比赛。这看起来像是一个奇怪的战术错误。

然而，在吃掉菲舍尔的后之后，伯恩立即遭到菲舍尔的马和象的攻击。菲舍尔多次将军伯恩，让伯恩失去了调动棋子的能力，并在这个过程中吃掉了伯恩的许多关键棋子。菲舍尔的战术最初看起来很疯狂，因为通常人们很难放弃后这颗重要的棋子。但菲舍尔在那场比赛（以及他的整个国际象棋生涯）中的取胜之匙在于他比对手更深入地制定策略的能力。最终，菲舍尔放弃了自己的后，换回了几颗单个价值较低但整体价值较高的棋子，反而轻松地赢得了比赛。这真是一笔好买卖。

请注意，菲舍尔的关键战术"牺牲后"与那个特定的比赛环境息息相关。所有的战术都会受到环境的影响，这就是为什么复制他人战术的人会得到截然不同的结果。为了获得好的结果和真正的成功，面对不同的环境，你必须始终使用策略来指导你的战术。聪明的战术不是模仿得来的，也不是凭空产生的，而是直接根据策略制定的。如果你想模仿别人，那就不要只看他们的战术（他们做了什么），还要看他们的策略（在特定的环境下为什么要做他们所做的那些事）。

通常人们会有几个确定的总体目标。他们知道自己想要变得更健康，做更多的园艺，提高小提琴技术，读更多的书（或其他东西）。但他们往往会满足于没有策略的简单化战术。

"减 20 千克"并不是一种战略，只是对"减肥"稍微具体（但仍然很笼统）的描述而已。如果有人宣称这样的事情是他的策略，那么他实际的策略是"做一些能减肥的事情"。呵呵。究竟是什么事情呢？怎么做到的呢？如果出了问题怎么办？一位将军曾说过这样一句话："打败敌人就要让他们变得更好。"中国古代著名军事家孙子一定不会同意这种说法。

真正的策略包括分析你的优势和劣势，观察潜在的障碍和机会（你的环境），并制订一个计划，使其在常见和不寻常的环境下都能给你最大的成功机会。一个好的策略会始终如一地将你置于有利的环境中，并充分利用你的努力。"30 天挑战"不是一个好的策略，而是一种流行文化的趋势，只比"让敌人变好"策略好一点点。

大多数策略都很糟糕，只有在你处于最佳状态时才会奏效。那么，设定和实现目标以及养成习惯的好策略是怎样的呢？孙子或许能给我们一些智慧。

孙子的五大必胜之道

你现在可能已经注意到，孙子是我最喜欢的历史人物之一。他的著作《孙子兵法》是一部不只适用于战争的策略杰作。对生活的许多方面来说，战争都是一个恰当的比喻。为了做正确的事情，我们与自己战斗，与阻碍我们的环境战斗，与有限的时间、精力和资源战斗。可以说，为了创造理想生活，我们每天都要与各种阻挡我们前进的内在和外在力量战斗。

在个人发展过程中，有很多潜藏的"战争"，因此我们可以从孙子这样的战略家那里学习很多有价值的概念。在《孙子兵法》中，孙子给出了五大必胜之道。我已经将这些要素运用到日常的战斗中，以建立更好的习惯和生活。弹性习惯实践者使用的不断变化的战术与大多数战术不同，因为它们具有很强的策略性，并且建立在使用了几千年的已被证实的概念之上。

孙子说"知胜有五"，下面我们来一一解读。

1. 懂得什么条件下可以战斗，什么条件下不可以战斗。

在战争中，时机至关重要。有优势时进攻和没有优势时进攻的区别，往往就是胜利和失败的区别。

如果你设定了一个死板而严格的目标，你就无法在生活中成功地遵循这个策略。严格的目标要求你每天以同样的方式进行同样的战斗。这种策略的问题是，在处于不利地位的日子里，你会输掉战斗，而每一场失败的战斗都更有可能让你输掉整场战争。在处于有利地位的日子里，你也可能由于之前的失败而打得不够积极。你可能拥有的所有策略能力都被扼杀了，因为死板的目标是一种单一的战术，几乎没有策略机动性。

弹性习惯策略吸收了孙子的智慧中包含的灵活性。如果不是努力战斗的好时机，你大可以完成简单的普通目标（为了坚持战斗所做的战术转变），并且为后面的攻击做准备。

当战斗的时刻再次到来时，你就拥有工具和动力去赢得更大的胜利（这是一个战术转变，目标是获得更大的进步）。在你有准备的时候战斗会产生最好的结果和最大的满足感。具体来说是指你如何准备去获得胜利。当你决定尝试获得优秀级别的胜利时，你几乎总是可以做到。因为你是基于当下的条件去选择的，你会做你需要做的一切来确保胜利。

2. 懂得如何应对优势和劣势。

这句话的意思是，有时候你的军队比敌人强大，有时候不如敌人，你需要知道如何应对。不同的形势需要截然不同的策略和战术。

《孙子兵法》的一位评论家称："运用兵法，可以使较弱的力量打败较强的力量，反之亦然。秘诀就在于把握时机，不让好时机溜走。因此，孙子说，在处于优势时出兵，轻松前进，在处于劣势时出兵，步履维艰。"

在战争中，这种想法主要是指，基于己方军队目前的战力与敌军相比，来选择合适的地形。

这是对弹性习惯横向灵活性的绝妙比喻。我的锻炼弹性习惯包括高强度运动和"积极休息"运动，可以在健身房完成，也可以在家里完成。如果我在某一天感觉体能充足，我就去健身房努力锻炼。但第二天，我可能需要恢复体力，于是我就可以主动休息一天，在家附近的湖边散散步。弹性习惯允许你根据当前情况来更改目标和习惯的强度。你可以把自己目前的实力和当天的挑战做对比，以此来选择合适的"地形"。

3. 军队上下一心。

用一个词来概括就是团结。一支军队要想获得胜利，从上到下，从军官到一线士兵，所有成员都必须一条心，本着同样的精神。团结可以提升军队内部的凝聚力、沟通能力、活力和忠诚度。

一个弹性习惯的执行需要得益于普通、略好和优秀这三个级别的目标之间的统一。一些人可能会使用弹性习惯系统，并立即被优秀级别吸引，而忽略其他两个级别。想象一下，当一支军队中战斗力较弱的步兵受到不好的待遇、遭到忽视时，会发生什么？在关键时刻，他们可能会转身离开而不是继续战斗，因为他们没有理由对上级保持忠诚。正如军队的每个部分团结起来会使整个军队更加强大，你可以通过灵活的习惯获得不同程度的成功，这会让你有能力做更多对你来说很重要的事（并使它们成为习惯）。

我推荐用不同颜色的贴纸来追踪你的弹性习惯，因为它们的大小和形状都是一样的，就像军队里的士兵都穿着同样的制服。除了颜色有细微差别外，这些贴纸看起来都一样，正如军装上的小别针、徽章、条纹或颜色差别表示不同的军衔一样。这表明所有级别的习惯对于最关键的目标都是同样重要和可行的贡献者，帮助你每天完成习惯并获得胜利。优秀级别并不总是好过略好级别，因为略好级别在某些情况下是最适合你的。

4. 做好准备，等待敌人不备而攻之。

如果你比你的敌人准备得更充分，此时可能是发起攻击的好时机。孙子在这里给出的关键词是"伺机而动"，并不是说当你准备好了就立即出击，而是要等到敌人没有为你的攻击做好准备时再行动，才能将你的优势发挥到极致。

我认为行为的改变是一场持久战，你的大脑不是你真正的敌人，而是你的盟友。然而，如果你要做的一些具有挑战性的新行为让大脑感受到了威胁，它就会像敌人一样，阻止积极改变的发生。

你的潜意识一开始会抵制所有的改变，并且完全满足于它一直在做的事情。因此，它总是倾向于阻止你为了变得更好而做出的任何积极尝试。传统的习惯养成策略只能以大脑允许的速度改变大脑。

在形成更好的行为模式的过程中，迅速而戏剧性地将你的所有目标提高到一个较高的水平是很有诱惑力的。但如果你没有形成支持这些行为的神经通路，它们就会被你之前的行为偏好所取代。你在追求改变的时候要有耐心。改变不可能很快发生，所以最好接受这个事实。

随着弹性习惯的发展，你将逐渐为掌握这一策略做好准备，与此同时，你的大脑将开始改变，以接受弹性习惯。因此，当你的大脑还没有准备好去阻止你的改变时，你就要为达到下一个级别做好准备，这是同时发生的。

我知道你正在有意识地为改变你的生活做准备，但是你必须等待你的潜意识大脑和习惯先发生改变，才能像一个勇猛的战士一样去攻击你的目标。要有耐心，接受你当前可以获得的胜利。如果你坚持到底，就可以在这场长期的战争中获胜。

5. 将领具有自主的军事能力，君主不必横加干涉。

孙子认为，下达笼统的命令是君主的职责，但做出战斗的决定是将军的职责。

一个将军要想在军事行动中取得成功，就需要有根据实际情况做出决定的充分自由。这本书为你提供了广泛的指导、工具，以及在行为改变的战争中获胜的技巧。弹性习惯的整体理念是给你每天所需的自由，让你每天都能赢得战斗，这样你最终就能赢得这场战争。我是一个面向有着不同生活的读者写作的作家，我深知没有哪个人会把同一天度过两次，更别提和其他人度过同样的一天了。你是你自己的将军，每天都要决定每个习惯在横向和纵向上分别取得什么样的胜利。

你可以把君主看作一个典型的目标或计划，它一直都在告诉你该做什么。当你遵循这样一个严格的计划时，你就无法完成你作为将军的工作，也就是审视你生活中的战场，调整你的战略。而有了弹性习惯，你就可以做一个将军该做的事，你一定会喜欢这种不同。

孙子会认同弹性习惯吗？

从广义上看，孙子的胜利要素都涉及保持灵活的自由，并根据每个军队的条件、地形和准备工作等因素采取行动。如果他要设定一个目标或习惯养成策略，我相信那会很像弹性习惯，不过我永远也不能确定。毕竟孙子在公元前几百年就已经去世了，而我在很多年后才出生，但孙子的这些策略确实与弹性习惯有异曲同工之处。

没有任何其他的策略能让我们在每天都有如此充分的灵活性和自由度。

没有任何其他的策略能让我们自主地根据生活的现实来设计一条通往胜利的独特道路。没有任何其他的策略能让我们拥有更好的机会，去赢得行为改变的战争。

结束语

有些日子里，我们的目标是不要失去，

其他的日子里，我们则要获得胜利。

弹性习惯系统为你提供了灵活性，

使你在多个选项和它们之间的各种子选项中做出选择。

这样在任何情况下，你都不会感到措手不及。

接下来，

我们将讨论为生活增添灵活性和选择性所带来的风险和结果。

第 8 章
选择的后果

> 毫无疑问，有选择总比没有好。但这并不是说选择越多越好。
>
> ——巴里·施瓦茨

稳定性和灵活性都有很大的价值，但这两者结合起来才能带来最大的价值。一个完全僵硬的身体根本不能移动，因为它无法弯曲。一个完全灵活的身体也是不能移动的，因为它没有稳定的结构来实现支撑或对抗。在最极端的情况下，你要么得到一根铁棒，要么得到地上的一摊水。我们在这个世界上看到的大多数动物性生命都处于中间地带，它们是动态而强大的生物，兼具稳定性和灵活性。稳定性提供了结构和控制，灵活性提供了多重选择和可操作性。这两者都是我们需要的！

肩关节是人体最不稳定的关节，而这正是它能够灵活移动的原因！但是肩关节的低稳定性（健康）和零稳定性（脱臼）的区别，就像棒球投手投出 160 千米 / 小时的快速球和无法移动手臂的区别。

髋关节是人体最稳定的关节，因此，站立时有了臀部的支撑，我们所需的能量相对较少。试着趴下来移动几分钟，此时你的肩关节就会替代臀部来支撑你的身体。我相信你会感觉到能量消耗的不同！

弹性习惯："超级关节"

如果弹性习惯没有结构，就好像在说："做任何你想做的事，想做多少就做多少！无论何时，无论什么事！百分百灵活！"

你一眼就能看出，这话一点用也没有，因为这便是那些没有生活计划的人日常的做法。但我们试图使我们的目标和对习惯的追求变得灵活而强大，就像肩关节一样，这样才会有足够强大的结构来使用和保护这种力量。

弹性习惯可能是你见过的最灵活的习惯，但它也具有一定的稳定性。弹性习惯就像一个"超级关节"，既拥有肩关节强大的灵活性，也拥有髋关节的低能量消耗和稳定性。

稳定性的能源成本

髋关节的稳定使我们不需要明显的肌肉收缩就能够站立，为我们减少了能量消耗。那么在追求目标和养成习惯时，肌肉收缩相当于什么？是什么消耗了我们的能量？

我们已经承担了失去稳定性的代价，失去稳定性会使我们变得漫无目的，就像是地板上的一团不知是什么的东西。但是为目标或习惯养成计划中添加稳定性并不是毫无代价的，这个过程需要消耗能量。与人体不同，在目标系统中，消耗能量的是刻板僵化。因为刻板僵化（或稳定性）意味着你必须适应你的目标，需要付出更多的努力才能成功。灵活性则意味着你的目标会去适应你，获得成功也不需要十分费力。

来看一个简单的例子：达尼决定每天跑 1.5 千米（僵化的目标）或者养成运动弹性习惯（稳定结构内的灵活目标），将这两者对比会怎么样？

第一天：达尼又忙又累，而且要在截止日期前完成一项工作。

· 僵化的目标迫使她跑 1.5 千米。

· 弹性习惯使她很容易获得普通级别的胜利，她可以选择跳一首曲子。

第二天：达尼有时间、动力和精力去跑步。

· 僵化的目标会再次迫使她跑 1.5 千米。

· 弹性习惯可以将目标扩展为跑 3 千米。于是她跑了 3 千米！

在这个例子中，不管采用哪一种策略，达尼跑步的距离都是一样的：两天跑了 3 千米。但请注意，每一种情况都是不同的。

弹性习惯允许达尼在第一天减少运动量，在第二天增加运动量。这正是她所需要的，更符合她的生活节奏，让她感觉受到鼓舞，有了力量，整个人都很兴奋。而僵化的目标相对来说比较刻板，迫使达尼即使在很忙的情况下也要和不忙的时候跑一样的距离。

达尼现在有可能对她的日程安排和（或）她僵化的目标感到不满，因为这两者对达尼来说都很重要，而它们却相互干扰。达尼会感到不满是正常的，因为她的目标很严格，在有些时候对她要求过多，有时又不够。这样的话，实现目标的计划就很可能会失败。

正如你所看到的，僵化的目标需要大量的精力和蛮力来维持。灵活的目标花费的精力要少得多，它们总是在适应你的生活。让我们记住，达尼想通过跑步来保持体形。弹性习惯通过每天适应她、鼓励她，从而不断提高她的期望，僵化的目标则滥用了她的期望，用严格的规则来扼杀她的期望。

因此，我们需要非常严谨的结构，因为过度僵化的结构可能会威胁到我们的权力感、掌控感和自由。

弹性习惯的 4 大支柱

以下四项是弹性习惯的 4 根支柱，它们共同撑起了弹性习惯系统的结构。我在前文中已经强调了灵活性，所以请注意，尽管这几点看起来不太灵活，但它们的组合仍然会使这个系统在灵活性方面凸显优势。

第一根支柱：弹性习惯每天都需要行动。 这是这个系统成功的关键。每天做什么，在何时行动是可以灵活安排的，但是必须行动！在大多数系统中，"每天"这个词听起来都很可怕。但当你意识到只需要不到一分钟的时间就能完成普通级别的目标时，你就不会那么害怕了。即使你在白天忘记了行动，你也可以在睡觉之前完成，从而将连胜保持下去。

第二根支柱：弹性习惯在横向和纵向上的成功点是有限的。 因为我发现，将纵向成功分成 3 个级别要比分成 4 个级别好得多。就像人类的关节一样，在某种程度上，增加灵活性弊大于利这句话是有道理的。弹性习惯的获胜条件并非是无限的，它将典型的单一成功点变成了 9 个成功点，就像前文中的图表所示。

传统习惯：只有一种获胜的方式

弹性习惯：有 9 种获胜的方式

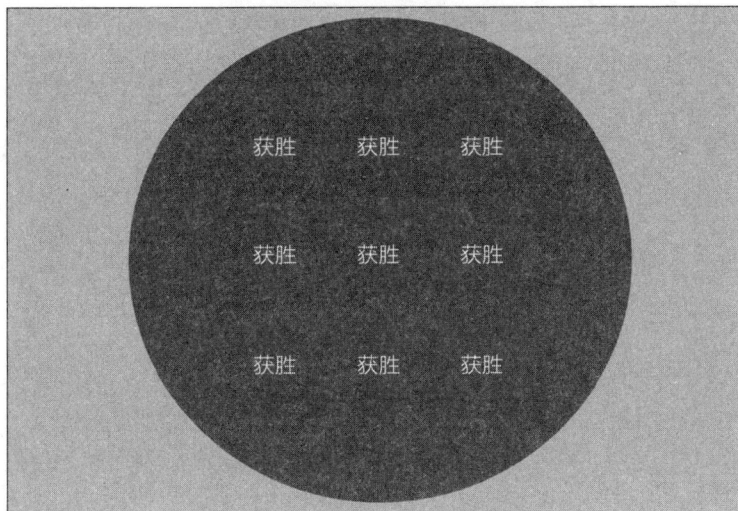

　　弹性习惯会给你比平常更多的灵活性。获胜的条件不止一个是很好的，但对数量加以限制也很重要（横向级别 × 纵向级别＝3×3＝9 个获胜条件），这样结构和灵活性就会共同发挥作用。

　　第三根支柱：弹性习惯需要追踪。 你不能只是在大脑中追踪弹性习惯，然后期待改变。追踪弹性习惯非常简单，只需要每天贴 3 张贴纸（如果你使用的是正式的弹性习惯追踪器）。贴纸的颜色代表了你所获得的不同级别的成功。每天追踪弹性习惯可以让你的习惯真正奏效。

　　这种追踪既验证了你的成功，也能激励你进入更高的级别。每天追踪同样的习惯会让你感到些许满足，但也会让你感到厌烦。回顾从前我只使用微习惯的时候，一开始我会用感叹号、激励语和高度的热情来追踪习惯。但一个月后，我发现那些只是检查后留下的标记。这表明，在获得成功的同时，我的兴奋感也减弱了。

　　有机会获得一次非凡的优秀级别的成功，并通过追踪来标记成功，是非常激动人心的（我可以确定这在几个月后也不会变得乏味！）。我们将在本书的最后一章更详细地介绍弹性习惯追踪系统。虽然追踪习惯是必须做的，但也不要有什么压力，因为追踪弹性习惯非常容易，而且比追踪其他习惯有更大的回报。因此，它会为你带来乐趣，而不是负担。

第四根支柱：弹性习惯每次设定的数量不要超过 3 个。如果你想用这个方法获得最大的成功，就要把精力集中在重要的习惯上。正如我在《微习惯》中所说的，要想积极养成几个习惯，你就会把精力和注意力分散在这些习惯上。如果你想养成的习惯过多，你的精力和注意力就会太过分散，导致策略无法奏效。

培养多种习惯是值得的，让我们面对现实吧，人们总是想要更多，没有人想一次只培养一个习惯。现在，你大概有 89 件想做的事，但是请从最重要的几件事开始，比如锻炼、培养技能、冥想、阅读、写作、做生意、发展人际关系等。一旦你开始从最重要的习惯中获益，我保证你不会后悔专注于这些习惯。

稍后我们将介绍符合不同情景的弹性行为选项，但对于改变日常生活的核心习惯养成系统，你最多只能同时保持 3 个弹性习惯，以获得最佳效果。

这四根支柱是弹性习惯策略中仅有的固定组成部分，其他的一切都会围绕着你的生活和喜好而变化。

应对选择瘫痪与决策疲劳

总的来说，弹性习惯策略只有一个明显的缺点：你必须决定每天要完成什么。设定多个目标会给你的生活带来额外的选择，而这些选择通常是我们不想要或者不需要的，于是引发了两个潜在的问题，即"选择瘫痪"和"决策疲劳"。首先，我们讨论一下选择瘫痪。

选择瘫痪：琐碎而过度的后果

心理学家巴里·施瓦茨指出，过多的选择会让我们失去幸福感。施瓦茨在他那场著名的 TED 演讲中提到，他家当地的杂货店里有超过 175 种不同的沙拉酱。

> 杂货店里有很多种沙拉酱可供选择，如果你买了一种却发现它没那么好，你马上就会想象自己本可以做出另一个更好的选择。结果是，这种想象出的选择会让你对自己所做的决定感到后悔，这种后悔会让你从自己所做的决定中获得的满足感减少，即使那是一个很好的决定。

这种预期后悔的现象导致了选择瘫痪。选择太多的时候，我们几乎不可能选出"最好的"。我们都很清楚这一点，而这也侵蚀着我们的灵魂。先和大家分享一个故事。有一天晚上，我花了 20 多分钟在杂货店里买大米，这真是一种讨厌的商品！作为一种商品，大米有太多种类了：印度香米、泰国香米、精白米、糙米、长粒米、短粒米，而且每个品种都有多个不同的品牌！"我要在品质、口味、健康、价值、价格的理想交会点挑选出最好的大米！啊，他们还有藜麦吗？"这就是我在杂货店时的想法。

现代世界充斥着各种选择，但问题并不在于选择本身。毕竟，能够选择是自由的一种标志。奴隶制下的人们并没有选择权或自治权。因此，自由和选择是分不开的，而且鉴于自由的绝对重要性，选择本身也不是问题。那么问题是什么呢？现代社会中的选择有两个问题，一是太过琐碎，二是缺乏约束。

琐碎的选择不值得做。当你去买番茄酱时，你可能会看到 20 瓶基本上都一样的东西，它们的价格、质量、配料和包装只有细微的差别，这时你并不会做出什么可以改变生活的选择。销售这些产品的商家做得很好，会让你觉得你所做的选择是可以改变生活的，但这其实只是一个微不足道的决定。即使你想买到原料更好或含有有机成分的番茄酱，也需要面临多种选择。这些琐碎的选择会让人感到沮丧，因为它们通常不值得花费时间和精力去考虑。

缺乏约束的自由选择会压垮我们的大脑。对于所有的选择，尤其是琐碎的选择，最好尽可能快速有效地减少选项的数量。这会减轻找出最佳选择的压力（选择越少，选出最佳的可能性就越大，后悔和过度思考出现的可能性也变小了）。由于杂货店不会帮我们做选择，我们通常会预先过滤一些选项，以防止自己发疯。

现在来说说我经常使用的一个很不错的过滤清单：某环保组织曾列出过"脏12"和"清洁15"清单。"脏12"标明了农药残余含量较高的传统农产品（常规种植的水果和蔬菜），"清洁15"则标明了农药残余很少或没有农药残余的传统农产品。毕竟有机食品很贵，这个过滤清单可以帮我省钱，让我对自己的选择感到很满意。如果是牛油果或洋葱，我会买常规种植的传统农产品，因为它们在"清洁15"清单内；如果是草莓或菠菜，我会买有机农产品，因为通常它们的农药残余较高。这个过滤清单让我很容易就能做出决定。

至于其他的一切，就要靠生活的秘诀（或秘诀之一）了。选择最好的并不重要，重要的是选择一个较好的或非常好的，并且对自己的选择感到满意。我现在是一名作家，我喜欢我的职业，但我知道，如果我能在海上与鲨鱼搏斗，我会更开心。至少，我会晒成古铜色，拥有一条鲨鱼齿项链和一条假腿。说正经的，我还能想到一些我更喜欢的职业，但是我爱我现在的职业，我没有理由烦恼、后悔或抱怨。总会有更好的选择，但在伟大的存在下，好的不会变成坏的。

施瓦茨提到的许多苦恼和遗憾都是过多选择带来的后果，这些选择增强了我们的某种意识，即我们所选择的可能不是最好的。记住，即使你选择了最糟糕的沙拉酱，只要你喜欢，你所做的仍然是一个好选择！

决策疲劳

科学研究表明，做决定在一定程度上会使我们疲惫不堪。这是有道理的，因为我们做出决策时用的是脑力。对于日常弹性习惯的决策疲劳成本，我们需要联系实际情况来考虑。

重要的是不要把弹性习惯系统放在真空中，因为它是你目前使用的任何习惯系统的优越替代品。每个目标或习惯养成系统都有管理和执行该系统的"能量成本"。关键问题在于，这个系统能否帮你证明其能量成本是合理的。

在我了解的所有其他系统中，目标都是固定不变的，有时还会因为无法融入日常生活而产生巨大的能量成本。如果你知道某件事不符合今天的日程，或者至少是你当前没有能力做到的，那么要做这件事，就得耗费大量的心智能量。即使有了简单易行的微习惯策略，在你觉得自己可以取得很大成就的日子里，当看到"一个俯卧撑"的目标时，仅仅因为它在那一刻离你的现实如此之远，你也会感到沮丧。

当你的目标不适合你当天的情况时，你就会觉得疲惫，不能做出很好的回应。如果固定的目标不适合你的情况，那么你可以做出如下选择，不过它们并不是多好的选择。

1. 你可以改变你的目标——这就使得你在一开始设定固定目标的想法站不住脚。如果你可以随时改变目标，那么你最初设定的固定目标就没有任何意义，你也没有理由保持目标一成不变。这样的情况十分尴尬。

2. 你可以通过调整自己的状态和时间表来实现你的目标，无论如何都要去做。你将不得不改变其他计划，并且最终可能会抱怨这个目标根本就不适合你。对固定目标的厌恶会随着时间的推移而不断积累，因为不管你面对的情况如何，它们都对你有着同样的要求。每当你强迫自己去做一些对你的处境没有意义的事情时，你就会怀疑这个目标是否真的适合你。如果现实生活突然发生变化，你会因为你的目标不能很好地适应它而感到沮丧。

3. 你可以跳过一天。但如果你的目标是雷打不动的（如果你看重结果就应该这样做），暂停行动明显就是一种失败，也预示着放弃。即使你的目标具有内在的灵活性，允许你在一些时候选择不完成，单一的衡量胜利的方法也会导致"要么成功，要么失败"的局面。这容易使你放弃进步，也阻碍了习惯的养成，在这种情况下，即便不是必然出现连败，也有这个可能。

没有必要深究这些后果。后果的存在只是为了告诉你，当你试图将一个固定的目标融入你充满变化的生活中时，它会变得多么复杂和令人疲惫。我们通常倾向于根据心中完美的一天来设计策略，这就意味着当"完美风暴"在周一、周四和周五袭来时，我们就完蛋了。但其实并不需要风暴，正常的生活就足以打乱我们的计划（我写这一章的当天扭伤了脚踝）。

当你被迫临时设定一个可预测的固定目标时，那将不可避免地引发灾难。整个策略框架将分崩离析，就像脆性物料达到弹性极限后碎裂一样。没有什么简单的方法可以让固定目标产生效果，这就是为什么这些目标会像苍蝇一样出生和死亡。就像大多数脆弱而不易弯曲的东西一样，它们并不是为了在你充满活力的生活中、在这个充满活力的世界中长久存在而创造出来的。

每一个决定都要付出能量成本。这个成本是由做决定的困难程度决定的。当你的目标很固定时，假设去做某事的决定可能会比灵活目标情况下的决定更困难。

弹性习惯如何克服选择瘫痪和决策疲劳

选择瘫痪是由太过琐碎和缺乏约束的选择造成的。弹性习惯中的选择并不是无关紧要的。在一个困难的日子里，做出一个较容易的选择可以让你保持连胜，投入其中。在一个充满动力的日子里，选择获得诱人的大胜利有助于你取得比平常更多的成就。弹性习惯将选择引入一个真正需要的领域。我们并不需要 47 种一模一样的番茄酱，但是我们需要多种目标来让自己在每天都做到极致。

至于选择，我最初设计了一张习惯海报，上面有 4 个纵向成功的级别（普通、略好、出色和优秀）。我设计好海报后拿去打印，然后把海报举起来看。一想到要从这 4 个选项中挑选出一个，我就觉得又像在买大米一样。出色比略好强多少？优秀比出色强多少？与达到目标所需的努力相比，每个目标的价值是多少？我怎么才能知道？

当我将弹性习惯的选择缩减到 3 个级别（普通、略好和优秀）时，差异立刻显现出来。我们对小、中、大 3 个等级都很熟悉，因此可以快速解析这些选项以及它们之间的关系。这就是可以改变生活的策略和失败的策略之间的区别。对选择加以限制是非常重要的。

我很清楚选择瘫痪是怎样的，我一边想着选择瘫痪的情景，一边仔细地设计了弹性习惯策略。相信我，拥有弹性习惯后，你不会再有选择瘫痪的问题，决策疲劳也是如此。

弹性习惯具有横向和纵向的完全灵活性，足以让你选择适合你当天情况的活动和强度。重要的是，这些选择是有限的，并且停留在动力有效点（如第 5 章所述）上。拥有有限的选择和清晰的决策标准能够有效地减轻决策疲劳，特别是与不灵活的固定目标相比。

弹性习惯的系统就像一个排列整齐的工具箱，里面有你获得成功所需的全部工具。如果你想建造一栋房子，有了锤子、扳手和螺丝刀后，建造房子就不再是负担，只要在需要的时候选择你所需的工具就好了。弹性习惯的应用也是如此。

我大概有 15 件衬衫，但我只有一条牛仔裤，所以，对于穿什么，我不需要考虑太多。我只有一种样式的袜子，随便拿起两只穿上即可。我无情地从我的生活中删除了许多需要做决定的事，但每天做出的弹性习惯决定是很有趣的，效果也很直观！在一个充满了僵化和脆弱的目标的黑暗世界中，弹性习惯就如同一座象征灵活和自由的灯塔。

当你在生活中加入更多的决定时，就会面临选择瘫痪和决策疲劳的风险。但弹性习惯涉及的决策巧妙而有限，你凭借直觉就可以很容易地做出选择。需要注意的是，如果你疯狂地加上 6 个成功级别和 5 个不同的习惯选项，就会面临选择瘫痪和决策疲劳这两种风险。当你给自己过多选项的时候，回报就会大大减少（甚至是负面的）。所以至少在刚开始应用弹性习惯时，保持或适当降低本书建议的选项数量。

不同结果带来的兴奋

我们已经讨论了选择的问题，并且学会了如何对选项加以限制。那么选择的好处是什么呢？除了能够每天为你提供最适合自己的选项外，多个级别的目标还有一个惊人的好处。

以赌博为例，从长期来看，赌场总是赢的，而玩家肯定会输钱。那为什么还会有人对此感兴趣呢？赌博基本上就是在浪费钱，为什么还有人对赌博上瘾呢？

人们坐在老虎机前，连续几个小时按着"旋转"按钮，并且输了很多钱—— 一定有某种强大的力量在驱使着他们做出这种行为。如果我设立一个摊位，上面写着"按一次按钮支付 25 美分"，那我的生意肯定不会好，但这和老虎机在本质上其实没有太大区别，它们之间的关键区别在于变数。

赌场会利用富于变化的结果来保持玩家的兴趣。玩家对赌博上瘾，是因为当他们把 1 美元投入老虎机时，机器不会每次都吐出 92 美分。相反，它使用一个随机数字发生器来产生各种各样的结果，玩家可能会失去那一美元或赢得数千美元，而且在这两者之间还有其他若干种可能。玩家永远不知道下一轮会出现什么结果，于是不停地按动按钮，希望赢更多的钱。变化让人们兴趣盎然，投入其中，即使是在赌博这种一定会输钱的情况下。

弹性习惯也会将每天的变化引入习惯的养成中！如果要选择一些你喜欢的东西，并让自己因为它富于变化的结果而沉迷其中，那么健康的习惯是你最好的选择。

结束语

通过小心地平衡稳定性和灵活性，可以保持我们的自由感，

使我们始终如一地坚持下去并产生强大的效果。

稳定性的提升减少了决策疲劳，

而灵活性的提升满足了我们不同的需求，

并使我们因为变化带来的兴奋而投入其中。

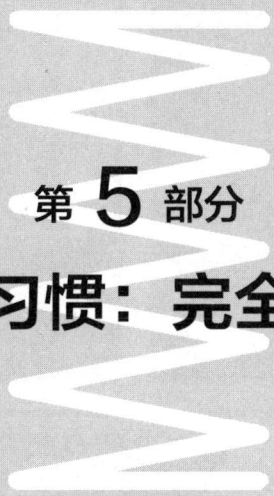

第 **5** 部分

弹性习惯：完全应用

你的弹性习惯可以适应你的生活和（小）流星。

第 9 章
养成弹性习惯的 7 个简单步骤

> 获胜并不是属于少数人的秘密，通过研究自己和所处的环境，准备好面对任何挑战，我们都可以学会如何获胜。
>
> ——加里·卡斯帕罗夫

现在你可以应用我们讨论的所有内容，并创建你自己的弹性习惯！我建议你拿出笔和纸把这个过程记录下来。养成弹性习惯共有 7 个步骤：

1. 选择（最多）3 个习惯。
2. 为每个习惯列出大约 3 个横向选项。
3. 为每个横向选项设定（最多）3 个纵向目标。
4. 选择你的习惯提示并做出承诺。
5. 展示你的习惯。
6. 追踪你的习惯。
7. 对你的表现进行打分和评估（非强制选项）。

学习小提琴

普通	练习 1 分钟	学习音乐理论 1 分钟	弹 1 首曲子
略好	练习 10 分钟	学习音乐理论 10 分钟	弹 3 首曲子
优秀	练习 30 分钟	学习音乐理论 30 分钟	弹 6 首曲子

学习小提琴是一种弹性习惯。练习、学习音乐理论和弹奏曲子是这一习惯的 3 个横向选项。每一个横向选项有普通、略好和优秀 3 个纵向目标（强度不同）。让我们从第一步开始，先来选择你的习惯。

选择（最多）3 个习惯

首先，最多选择 3 个一般的习惯，也可以少选一些。如果有 3 个以上的习惯，你的精力和注意力就会分散。是的，也许你是个例外，能够出色地同时掌控 6 个习惯，但如果你有超过 3 个习惯并且在完成的时候非常费力，那就说明你的习惯太多了。

像"锻炼"这样的习惯通常太过模糊而使你无法付诸行动。这就是为什么人们通常会选择一些特定的运动，比如俯卧撑、举重或跑步。然而对弹性习惯来说，实际上需要一个尽可能笼统的开始，具体的运动会随着习惯的横向延伸而显露出来（第二步）。弹性习惯具有代表多种行为的能力，这就解决了"每天写 1000 个单词"这种特定目标导致的"编辑算写作吗？"这类尴尬的问题。

你的弹性习惯在开始的时候会很宽泛，然后再缩小到特定的行动，这样你就可以看到更大的目标及其组件。一般的习惯则代表了人们试图实现的更大的目标。

· 当有人说他们想做 100 个俯卧撑或跑步时，他们的意思是想变得更瘦、更健康、更强壮。他们通常会为了各种好处而运动。

· 当有人说他们想写作时，他们也想编辑文字，想出好点子，列出提纲，为自己的书和文章建立结构。他们通常想要创建和完善内容。

· 当有人说他们想冥想时，他们可能也想做瑜伽，或者在大自然中远足。他们通常想要练习冷静和专注。

· 当有人说他们想除草时，他们可能也想种植、施肥或者收获菜园里的果实。他们通常想要做园艺。

　　使用尽可能宽泛的术语来涵盖多个特定的行动：园艺，锻炼，弹钢琴，木工（或者更宽泛的词：手工艺），培养创造力，做家务，写作，扩展人际关系，培养专注力，健康饮食，阅读，等等，可以是任何你想学习的技能或者你关注的领域（小提琴，杂耍，焊接，工程，家居装修，编程，公共演讲，心理学，等等）。

有影响力且基于价值导向的习惯

　　我建议你选择对你生活的方方面面都有影响的习惯。在我看来，锻炼是一种最好的习惯，因为锻炼能改善你的身体健康、心理健康、情绪等状态，提升精力水平和自信心。在对抗焦虑和抑郁方面，它甚至可以媲美处方药。最好的习惯会对你的生活产生光环效应。再来说一个例子：做家务。如果我的家里干净整洁，我会感到更平静、更有效率。

　　试着选择一个你看重的习惯。如果你的习惯与你关心的事情有关，你就会愿意去行动。如果你不知道现在想选择什么习惯，或者你脑中有太多的选项，以至于很难做出优先选择，那么就选一个你看重的习惯吧。

　　写下你当前最重视的东西。生活中有不同的季节和不同的风景，现在对你而言最重要的事情可能并不总是最重要的。出于这个原因，你要诚实地告诉自己，目前生活中真正想要和需要的是什么（而不是你认为自己"应该"看重的东西）。例如，我现在认为最重要的是：

· 健康。

· 诚实和正直。

· 创造力。

· 自由。

· 学习。

· 人际关系。

我们最多需要 3 个习惯，所以选出你最看重的 3 个。你最先想到的东西可能就是你最看重的。但是，你看重的一些东西也许并不像其他选项那样具有可操作性。例如，诚实和正直对我来说非常重要，但它们已经是我的一部分，并被动地参与到我所做的决定中，并不需要我花时间去"练习"。因此，我最看重的 3 个可操作的选项是健康、创造力和自由。

如果你不能将关注范围缩小到 3 个最重视的选项，那么下面的步骤将有助于你看清哪些行为对你最具吸引力。从你看重的东西出发，找出能促进你追求它们的日常行为。下面来看看我的：

· 健康：锻炼、冥想、吃健康食物。

· 创造力：写作、阅读、做实验、想点子。

· 自由：挣钱、理财、投资我的职业生涯。

任何你重视的行为都是弹性习惯的主要候选项。看看这个列表，我将我的弹性习惯设置为锻炼、阅读和写作，你一定不会觉得惊讶。这 3 个习惯非常符合我的价值观。写作是一个很有价值的习惯，因为它与我的创造力和追求自由的价值观相关（我可以在任何时间和地点写作，而且我可以靠写作挣钱）。

你是否选择了 3 种一般行为作为你的弹性习惯？太棒了！是时候进行横向拉伸了。

为每个习惯列出大约 3 个横向选项

在这一步中，你要想想使用什么方式追求你在第一步中选择的每个习惯。追求一件事的方式可能只有一种，也可能有几十种。

在讲具体例子之前，我想说一下，时间是横向选择考虑的一个普遍因素，它几乎适用于任何习惯：花 X 分钟做一件事。这对于涉及很多活动的习惯（如做生意或锻炼）特别有用。当你设置横向选择时，考虑一下"花费的时间"这个标准，以捕获你想要的全部选择。

然而，把花费的时间作为主要的衡量标准有两个缺点：

1. 花费的时间并不总是衡量进步的最佳标准。我认为 1 小时的工作时间比 8 小时的工作时间更有效率。

2. 时间可能是一个过于模糊的标准。例如，我很清楚"跑 1.5 千米"意味着什么，因为这是一项有明确终点的特定锻炼。但"锻炼 20 分钟"是开放式的，以至于我不得不在开始之前就让自己转换成锻炼模式。这额外的一步有时足以成为阻碍我们前进的障碍。另一方面，"阅读 20 分钟"和"阅读 10 页书"一样简单直接。

时间是一种通用的衡量标准，它对于很多习惯都很有效。但也要考虑一下它的缺点及其可能对习惯造成的影响。对写作来说，与字数相比，时间不是一个很好的衡量标准。但是对阅读来说，时间是一个很好的选择，因为页数和章节在不同的书中会有很大的差别（很多电子书甚至没有页码）。因此，时间实际上是衡量阅读进度的最合适的指标（假设你在整个阅读期间都在看书）。

下面来看几个横向选择的例子。

喝水（1个横向选项）： 如果你想养成多喝水的习惯，只有一个行为与之相关，那就是喝水。在这种情况下，你可能不会有任何横向的灵活性（但是在下一步，你仍然会得到纵向的灵活性）。

阅读（1~3个横向选项）： 阅读是一种简单的行为，但也要考虑研究和购买/借阅书籍，因为这是阅读过程中很重要的一部分。即便如此，我的弹性阅读习惯也只有一个阅读选项。也许一个习惯有多种可能的行为，但这并不意味着你需要利用所有的行为。考虑每一个横向选项是否符合你的目标，并选择一个最适合你和你想要培养的习惯的选项。

阅读是我唯一的选择，但我也给自己设置了两种方法来衡量：阅读页数和阅读时间。有时，记下阅读开始和结束时的页码很方便。其他时候，如果没有页码，我就简单地记下自己是从什么时候开始看的。同时拥有这两种选择，就会消除一些可能存在的阻力。（"尽管这本电子书没有页码，但我可以用阅读时间来计算。"）

锻炼（几十个横向选项）： 锻炼的方式几乎是无穷无尽的，跳舞、举重、跑步、骑自行车、徒步旅行、引体向上、散步和瑜伽都是很好的锻炼方式。

你可以写下你想到的每一种锻炼方式。这是一个有很大灵活性的领域，可能会有9种你真正感兴趣的运动。习惯池能够容纳大量的横向选项。但是对于大多数习惯，为了保持简单，可以设置1~4个横向选项，通常我会设置3个。

我选择了我喜欢并且经常做的运动，但并不是说排除了其他一切锻炼选择，只是为我提供了焦点和参考点。弹性习惯系统的精神就在于灵活性，所以即使瑜伽不是我"正式列出"的选项之一，某一天我可能也会选择用它来代替某个正式选项。当然，我也可以为所有我能使用但并未列出的锻炼方式设置一个"锻炼X分钟"选项。以下是我目前的横向锻炼习惯选项：

· 去健身房运动（篮球或力量训练）。

· 做俯卧撑、引体向上。

· 在我所在的街区运动（散步或跑步）。

写日记（1~2 个横向选项）： 不要急于认为某个弹性习惯只有一个横向选择。拿写日记来说，你可以查看以前的日记。如果你打算把自己对生活的想法写下来，可以先回顾一下你过去写的东西，从中学习，看看这段时间以来有了哪些成长，这是非常不错。回顾日记是一种符合写日记习惯的额外行为。

写作（几个横向选项）： 除了写新内容，你也可以创建大纲或编辑内容。编辑过程本身可分为不同的阶段：发展阶段、实质性阶段、编辑阶段和校对阶段。也就是说，写作的过程并不只是单纯地写作，而仅设定写作字数就意味着你没有考虑到这一点。在完成一本书的初稿后，你就不需要字数目标了，而是需要编辑！如果你以写作为生，那么可以把营销作为你写作习惯的一部分。

我建议为每个习惯设置 3 个横向选项，最多 4 个。有更多的选择固然好，但也要有限度。若设置 3 个横向选项，在其中做出选择并不难。这就在重点和灵活性之间取得了平衡。较少的选择增加了焦点，降低了灵活性。选择越多，注意力就越分散，灵活性就越强。

如果有些选择对某个习惯（相比于其他习惯）来说更重要，那也没关系。我们可以在下一步来解决这个问题。

此时，你应该有了 3 个通用习惯，每个习惯都有 1~4 个横向选项。接下来，我们将添加纵向灵活性，这会使弹性习惯策略变得更有趣。

为每个横向选项设定（最多）3 个纵向目标

在这一步中，你将为每个习惯的横向应用设置 1~3 个成功的级别。假设你选择了园艺作为你的习惯，那么拔草、浇水和综合园艺（视时间而定）可以作为你的横向选项。

你是一个园艺奇才，你知道你的园艺需求可能在每天和每周都会有所不同：堆肥、收割、除草、播种、移植……这将是弹性习惯闪露光芒的地方，因为我们可以根据具体的园艺需求定制习惯。有时候，你的花园可能不需要照料。基于这个原因，可以将普通级别的目标设置为花园漫步。你可以每天在花园中散步，并在你的花园需要照料的时候设定略好和优秀级别的目标。

园艺

普通	花园漫步		
略好	拔掉 5 根野草	给植物浇水	综合园艺（15 分钟）
优秀	综合园艺（30 分钟）		

现在来看另一个例子。要查看第二步中讨论的横向选项，请查看最上面一行。要查看此步骤的纵向选项，就需要上下查看每一列。

· 弹性习惯：健身。
· 横向选项（4 个）：冲刺训练、深蹲、定时训练、健身房训练。
· 纵向选项（总是 3 个）：普通、略好、优秀。

健身

普通	1 个冲刺训练	10 个深蹲	任意训练（1 分钟）	—
略好	3 个冲刺训练	40 个深蹲	任意训练（10 分钟）	去健身房
优秀	6 个冲刺训练	100 个深蹲	任意训练（25 分钟）	在健身房训练 40 分钟以上

你可能想知道如何设定每个目标，是什么决定了某个行为的普通、略好或优秀级别？我们先来说一说优秀级别。

如何设定你的优秀目标

优秀级别之所以如此得名，是因为如果你每天都这样做，你就会成为这个领域内的精英，或者走在通往精英的路上。

我设定这个级别目标的时候问自己："明天的我会对什么程度的成就感到骄傲？"如果你达到了这个水平，你就会对自己所做的事情感到非常满意。这也许是许多主流目标的规模，但这一次有所不同，你会感觉特别好，因为你设定这个目标是出于选择，而不是受到硬性目标的限制。你可以在任何一天里自由选择较容易的普通或略好目标，当你做到优秀级别的时候，你就会觉得更有意义。

大部分优秀目标都设定在 30 ~ 60 分钟，不过这取决于每个人不同的习惯。

如果你愿意，你可以把优秀目标设定得非常困难。因为这不是你每天都要做的事情，而且它代表着这个领域的最高成就，所以你可以设定为你想要的高标准。

如果你把优秀目标定得特别高，那么你很可能会需要更多的"略好"和"普通"胜利作为你的基础。不过，要小心，因为把这个目标定得遥不可及可能会令人沮丧。我非常喜欢看到我的习惯追踪器上出现优秀级别的胜利，完成更多的优秀目标后，我就会觉得受到了更多鼓励。

你可以自己实验一下哪个选择最好！

如何设定你的略好目标

略好级别的目标是你的中级目标。考虑这个目标的最佳方式是选出你认为"可接受"的东西。这个级别涉及 10 ~ 20 分钟的时间范围，时间是最好的衡量标准。我最初的略好目标是做 25 个俯卧撑或引体向上（现在已经增加到 35 个）。实际上，我可以很快地完成这些任务，并不需要费太大的力气。然而，用时间还是所耗费的精力来衡量取决于你自己，而且每个习惯的情况都不同。

我设定略好目标的时候会问我自己："我今天采取什么程度的行动，会让明天的我觉得'那很好'？"

这个程度不要太小，否则它会吞并你的普通目标。如果略好目标只是比普通目标难一点点，那么你的略好目标最终将变成普通目标，然后，你实际上就只有两个目标水平了，其中一个是大于理想的最低限度。你也不希望这个目标太大，因为它会与你的优秀级别目标相竞争，或者看起来太困难而无法经常完成。略好目标的设定对于保持平衡非常重要。

如何设定你的普通目标

最后，你还有一张关键的安全网，也就是普通级别的目标。想象爬山的情景：你可以尝试完成靠近山顶或爬到山顶的略好或优秀目标，但如果你担心由于任何原因摔下来，普通目标这张网会让你活下来，明天继续爬山。

一定要将普通目标的胜利条件设定得非常容易。一分钟的运动是微习惯的推荐基线。你需要在略好和优秀级别里设定更高的目标，而没有理由在这里雄心勃勃。很多读过《微习惯》的人都会跟我或其他人谈论他们"做某事 10 分钟"的微习惯。而这要比普通目标困难 10 倍，更接近于略好级别的目标。再说一次，每天的目标是因人而异的，也会随习惯而变化，但是对新习惯而言，把 10 分钟作为安全网的要求太高了。

你的普通目标应该是你每天都能做到的事。换句话说，不管你怎样跌下来，从多高的地方跌下来，这张网都需要能够在任何时候接住你。这对于你在弹性习惯方面获得成功至关重要。即使在生命中最糟糕的日子里，你也能够做到的事，就是普通目标的级别。

想象一下，你的猫在半夜抓伤了你的脸，你的宝宝在凌晨 4 点叫醒你，你上班迟到被老板骂，你发现你 12 岁的女儿昨晚文了文身，你的精力就如同轮胎漏了气一样被耗光……在这样的时候，你需要完成普通目标。见鬼，不过正是因为会有这样的日子，我们才需要更轻松地取胜。

我的一些普通目标只需要不到 30 秒就能完成。即便有一天，我过得很糟糕，不知所措，感到沮丧和挫败，我也可以完成每一个习惯的普通目标，并在 5 分钟内完成。做完我的全部 3 个弹性习惯只需要 5 分钟，而不是每个习惯需要 5 分钟。我能在 5 分钟内获得成功，所以我从来没有失败过。

"普通"是相对于每个人而言的，但任何做起来需要花费 5 分钟时间以上的事情，都超出了你在最糟糕或最繁忙的日子里能做到的预期范围。我的编辑习惯的普通级别目标需要 5 分钟，因为我以写作为生，如果你已经在某一领域有了相当的投入和进步，那就该追求比常见的普通目标更大的目标了。

我相信，人们以前设定过高的微习惯目标的真正原因在于，他们不想把一个令人尴尬的小目标作为他们唯一的选择。我理解这一点，但是现在我们有其他的选择，所以请放弃 10 分钟的"普通"目标，将它们设定成更小、更轻松的等级。

我倾向于为普通目标设置不定时的活动，因为这通常更为简单，也不需要计时器。我的普通级别运动量是从 3 个俯卧撑开始的，而我可以在 10 秒内完成。即使你为某个活动设置了计时器，也不一定要精确计时，只要确保你至少在设定的时间内做完这件事就好。

如果你想使用定时器来养成习惯，并且拥有智能家居设备，你可以很容易地说："亚历克莎（或其他语音助手），把定时器设置为 1 分钟。"如果是那种有趣的计时器，你还可以在一首歌的时间里完成你的习惯（歌曲的平均时长为 3 ~ 5 分钟）。

适当的时间间隔使弹性习惯系统运行良好

一旦为每个行为设定了不同级别的目标，就要看看时间间隔了。每个目标都有自己的独特优势和吸引力吗？如果普通和略好这两个级别太接近，或者略好和优秀这两个级别太接近，它们独特的优势就会被抵消了。

清晰的分界有助于我们在精神上区分不同的事物。我曾住在西雅图的一间一室公寓里，公寓的面积约为100平方米，对一个人来说，这个空间已经足够大了。但它只是一个巨大的房间，所有的生活区都融合在了一起。这让我很难像在办公室里那样专心工作，因为我同时也是在卧室和客厅里。而当我搬到一个有独立房间和房门的公寓里时，我的工作效率和睡眠质量立刻就提高了。

如果你的普通目标需要花费1分钟，那么略好目标就可以是10分钟或15分钟。略好目标应该比普通目标困难3~20倍。略好目标不应该让你望而却步，它的难度范围应该从适度到中等。优秀目标通常比略好目标困难2~4倍。所以如果你的略好目标需要花费10分钟，那么你的优秀目标就应该花费大约30分钟。

当然，如何精确地设置每个级别的难易程度完全取决于你自己。每个人都会对不同的目标做出独特的反应，所以做个实验，了解一下什么是最适合你的。弹性习惯系统有15天的检查点——这是一个调整目标或保持目标不变的合适周期，并且你需要尝试在接下来的15天做得更好。

有了彩色标记的弹性习惯追踪器（详见第六步，现在是第三步），你就能清楚地看到你对目标的反应是好是坏。我的阅读目标是从普通级别的胜利开始的。这表明我需要重新平衡自己的目标。重新平衡后，我得到了更多的银牌（略好），甚至是几枚金牌（优秀）。这并不是我通过阅读和以前一样多的书而获得的常规胜利，也不是因为我给了自己更多的肯定。实际上，我阅读了更多的书，因为经过重新平衡并对目标做出修正，我的目标变得更加诱人，也更容易实现了。

自我修正目标的美妙之处

弹性习惯系统支持自我修正。通过分析你的进展（或者缺乏进展的原因），你可以精确地调整你的目标。

如果你在任何一天里没有完成目标，就意味着你的普通目标太大、太困难了。把普通目标调整得小一点，让自己立于不败之地。如此一来，你就可以坚持下去了。

如果你只能获得普通级别的胜利，那就把略好目标的难度降低一点。略好级别的目标应该是"适度的"，与普通目标有一定的距离，但仍然可以实现。如果你从来没有完成略好目标，这就是一个明显的信号，表示你应该降低要求，使它更容易实现，更有吸引力。

如果你没有获得略好级别的胜利，但获得了很多优秀级别的胜利，这可能意味着你的优秀目标不够难或者太接近你的略好目标的胜利条件。如果你的略好和优秀级别的胜利条件几乎没有区别，你当然会争取优秀级别的胜利。这看起来可能没什么问题，但实际上的确是问题，因为它基本上消除了关键的中间选项。

我们来使用走路或跑步的选项（我的锻炼弹性习惯的一部分）作为平衡的例子：

- 普通：1 圈（1 千米）。
- 略好：3 圈（3 千米）。
- 优秀：6 圈（6 千米）。

在这个例子中，普通选项是"打了就跑"式的快速胜利，我在 5 分钟内就可以完成。如果我想达到略好水平，那我需要 10~25 分钟来走 3 圈或跑 3 圈。如果我想达到优秀水平，那么至少需要完成略好目标所需的双倍时间。这样平衡目标的效果很好，因为它们之间有足够的空间，使得每个选择都是有付出就有回报的。我发现，当我完成略好目标时，我有30%～40% 的机会取得优秀级别的胜利。这是一种良好平衡的标志，将推动我取得更大的胜利，同时也会让我取得令人满足的中间胜利。

你能看出这个例子中的一个问题吗？那就是普通目标和略好目标有些接近了。事实上，我很少取得普通级别的胜利，原因有两个。第一，我的其他普通级别运动选项耗时更少且更容易完成，例如做 10 个俯卧撑；第二，如果我花时间穿上运动服走出家门，我几乎总是会有动力跑至少 3 圈。

但即使存在这种不完美的平衡，这对我的锻炼弹性习惯也是一个有益的补充。如果我告诉自己只要出去就必须走（跑）至少 3 圈，那我可能就不会常出门了。这就体现了自由的力量。我给了自己只走（跑）1 圈的自由，所以我总是会跑得更多。到目前为止，我似乎都没有走（跑）过 1 圈，但只走（跑）1 圈的心理自由对于我的成功至关重要。

正如你所看到的，即使你的目标谈不上平衡，其他的横向选项也将有助于弥补这些缺陷。有很多方式来获得不同级别的胜利，这是非常棒的。

略好目标是一个很好的基准，可以用来平衡你的目标。平均而言，如果你每天都能获得一个略好级别的胜利，那么你的弹性习惯系统就很平衡了。你的生活会有高潮和低谷，但如果是在中等程度的一天，你会过得很好。当然，要注意的是，如果你将你的优秀级别目标设置得非常困难，你可能只会获得略好级别的胜利。而这可能会减少你的收获，并在很大程度上影响你的动力。

- 普通目标应该是非常容易完成且有趣的，不会错过。
- 略好目标应该是一个像样的挑战，但不可怕。
- 优秀目标应该是很难完成的，但完成后会令人非常兴奋。

自从我开始应用弹性习惯系统，我取得了比以往任何时候都多的"优秀级别"胜利。之所以能有这样的成就，是因为我拥有充满自由和激励的强大组合。同样，许多成功人士之所以成功，是因为他们受到了激励，还可以自由行动。

　　我们总是有动力去改善自己的生活，但如果这个过程让人感到受约束，甚至喘不过气来（就像我看到的其他习惯策略一样），我们就会放弃，因为自由对我们来说更重要。现在，相比于你以前尝试任何目标或习惯系统时，你会拥有更多的自由。

弹性习惯的想法和例子

　　你可以使用这些目标作为指导方针来选择和平衡目标。不要过于关注具体的数字——我对数字做了思考，但它们不是为你量身定做的。因此要更多地关注目标之间如何保持平衡，及其结构背后的战略思维。

健身（示例 1）

普通	1 个冲刺间歇训练	10 个深蹲	——
略好	3 个冲刺间歇训练	40 个深蹲	去健身房训练
优秀	6 个冲刺间歇训练	100 个深蹲	在健身房训练 40 分钟以上

健身（示例 2）

普通	拉伸训练 1 分钟	5000 步	跳 1 首曲子
略好	拉伸训练 10 分钟	10 000 步	跳 3 首曲子
优秀	瑜伽训练 30 分钟	15 000 步	跳 6 首曲子

健身（示例 3）

普通	20 个开合跳	在跑步机上跑 300 米	去游泳
略好	100 个开合跳	在跑步机上跑 1.5 千米	游 10 圈
优秀	300 个开合跳	在跑步机上跑 4 千米	游 24 圈

健康饮食

普通	多吃 1 份水果 / 蔬菜	1 份升级餐	—
略好	多吃 2 份水果 / 蔬菜	2 份升级餐	—
优秀	多吃 3 份水果 / 蔬菜	3 份升级餐	超级升级餐

我在《微习惯·瘦身篇》中介绍过"升级餐",它会让你饮食的一个小方面比平常更健康。这意味着,即使你吃了一顿不健康的快餐,你也不像你以为的那样彻底失败了。你可以在接下来的饮食中选择每一口咀嚼 30次,喝水而不是汽水,在吃饭前喝一杯水,用生菜卷代替小面包,或者把薯条换成更健康的食物。要确定什么才是健康的升级,可以用你过去的行为作为参照。如果你一直都喝水就太棒了,但在这种情况下不要把喝水看成是一种升级。

举例来说,你在一家餐馆通常能买到的是汉堡、薯条和汽水。你可以用生菜卷代替汉堡,用凉拌卷心菜代替薯条,用清水代替汽水。这是优秀级别胜利的三种餐饮升级,你可以选择完成其中一个或两个作为普通或略好级别的胜利。或者,你也可以简单地选择一道更健康的主菜(沙拉、鲑鱼等),把它算作"超级升级餐",这也是优秀级别的胜利。

喝水

普通	1 升
略好	2 升
优秀	4 升

阅读

普通	2 页
略好	15 页
优秀	40 页

如果你想喝更多的水,我建议你准备一个 2 升容量的罐子,并记录自己喝了多少水。这种罐子不像 4 升容量的瓶子那么笨重,但仍然可以装很多水,而且如果你想一天喝 4 升水的话,只需要再加一次水。如果你真的想喝更多的水,要确保在一天中分散地喝,而不是一次喝完(水中毒很

危险）。

至于阅读，如果你像我一样使用电子阅读器——并不是所有的电子书都有页码，那么在这种情况下，时间是一个更好的衡量标准。你可以把普通级别的目标设定成读 2 页或读 1 分钟。

感恩

普通	写 1 分钟你感恩的事	仔细思考 1 个感恩的想法	感谢某个想不到会感谢的人
略好	写 3 分钟你感恩的事	仔细思考 3 个感恩的想法	当面或通过电话、电子邮件感谢 2 个人
优秀	写 10 分钟你感恩的事	仔细思考 15 分钟感恩的想法	为某人购买或制作一份贴心的礼物

这是一个很好的例子，说明了弹性习惯如何适应你的非日常行为。如果你每天都不厌其烦地感谢别人，可能就不会再有人可以感谢了，如果总让你感谢同一个人，你可能会觉得很勉强。这就是为什么你每天都可以选择深思或写下感恩的想法，并以此作为首选。但是当你有机会对别人表达意义重大的感谢时，你可以适当地表扬自己懂得感恩。

你还可以通过将某些行为作为某一级别的唯一选项来突出显示它们。弹性习惯系统是一个非常灵活的系统。现在将下面这个感恩的例子与上一个感恩的例子相比较，看看它会如何改变你的行为。

感恩（另一个选择）

普通	回顾感恩（1 分钟）		
略好	写 300 字以上的感谢语	感谢某个想不到会感谢的人	—
优秀	写 600 字以上的感谢语	为某人购买或制作一份贴心的礼物	—

有时候，选择少一些会更好地突出你的焦点或者使你专攻一个领域。你不必为每个行为都设置完整的纵向选项，只要确保你每天、每个级别的目标都有可行的选择即可。例如，购买或制作礼物是优秀级别的选择，不

过你不可能每天都能这么做，但你可以每天都写下一些感恩的想法。

专注训练

普通	冥想 1 分钟	做瑜伽 1 分钟
略好	冥想 10 分钟	做瑜伽 10 分钟
优秀	冥想 30 分钟	做瑜伽 30 分钟

写作

普通	写 50 字	编辑 5 分钟
略好	写 500 字	编辑 30 分钟
优秀	写 1500 字	编辑 2 小时

这就是我的写作弹性习惯。它的效果非常好。我在编辑的时候不总是使用计时器。当我开始编辑时，我经常只是看一下表，而且常受到干扰（在现代社会，总是会有干扰存在）。但我确实很清楚自己达到了什么水平。至于写作字数，我的写作软件会自动统计我每天写的字数。

写日记

普通	写 1 句	—
略好	写 1 段	写 1 句并回顾 1 周的日记
优秀	写 1 页	写 1 段并回顾 1 个月的日记

木工

普通	做木工 2 分钟	写下 1 个关于木工的新想法
略好	做木工 20 分钟	写下 5 个关于木工的新想法
优秀	做木工 1 小时	设计和计划 1 个新木工项目

公共演讲

普通	呼吸练习 1 分钟	绕口令 1 分钟或 7 次	演讲练习 1 次
略好	呼吸练习 5 分钟	绕口令 5 分钟或 25 次	演讲练习 3 次
优秀	呼吸练习 10 分钟	绕口令 15 分钟或 50 次	演讲练习 6 次

当然，弹性习惯还有很多很多的选择，我希望这些选择能带给你一些启发。现在进入第四步！

选择你的习惯提示并做出承诺

一个传统习惯的形成会有一个触发行为的提示，它通常是在一天中的某个时候或在你做出某个特定行为之后。我称之为基于时间和行为的提示。

基于时间的提示：在特定的时间做一件事。例如，早上 8 点 45 分刷牙。

基于行为的提示：在某个特定行为之后做一件事，而这个行为通常是一个已经形成的习惯。例如，淋浴后刷牙（淋浴就是我的提示）。

像这样的传统习惯提示是很实用的，它们的效果不错。如果成功了，你就会养成一个单一的习惯，最终这个习惯会变成一种半自动的习惯。如果你想把一些不需要想太多就只管去做的事情引入你的生活，这是个不错的选择。

"提示—行为—奖励"循环解释了习惯形成的过程是如何在大脑中工作的，这也是我们产生传统单一提示的地方。提示会使人产生做某一行为的想法或渴望，行动完成后，我们从这件事中获得了某种奖励。唯一的问题是，现实生活中的习惯可能有不止一个提示。

用坏习惯模型来培养好习惯？

大多数坏习惯都有多种提示。这些提示是无意中形成的，而且是自然存在的，它们更像一片不受控制的竹林，而不像乖巧的室内植物。例如，在吃饭、喝酒、需要缓解压力或者庆祝的时候，你可能会在社交场合抽烟。有很多自然提示的坏习惯与我们努力养成好习惯的方式形成了鲜明的对比。

大脑中的潜意识无法区分好习惯和坏习惯，因为它们都可以带来回报。大多数人建议用一个单一提示作为好习惯的唯一催化剂，然而坏习惯给我们展示了一种新方式，特别是对于像我这种性格的人。

我的性格是自由和叛逆的。所以这种结构过于复杂的传统习惯不仅令我毫无兴趣，甚至还十分反感。有些人喜欢把每天要做的事都在时间表里安排好。我却不会这么做，虽然可能只有少数人这样想，但一定不止我一个人。我并不是要评价别人的对错，因为这些偏好很大程度上取决于每个人的性格。而且，需要明确的是，如果你喜欢排时间表，并且想要形成传统的有单一提示的习惯，那么你会在弹性习惯方面取得巨大的成功（因为它比任何其他习惯养成策略都要好）。然而，我将讨论这种做法的缺点和另一个选择，而这个选择是为那些想要从日常习惯中获益而不喜欢单调的人准备的。

严格的规则看上去很好，直到它们被打破。这些规则的好处是清晰而简单，但单一、特定的提示也会让人感到限制、机械和尴尬（如果你没能完成）。如果你的目标是在下午 5 点钟冥想，但不管出于什么原因，你错过了这个目标的提示，接下来会发生什么？你错过了唯一的提示。你的任务失败了。你是要等一会儿再做吗？如果是的话，为什么一开始要设置如此明确的提示呢？如果你错过了"一次机会"，你很可能会决定干脆跳过这个活动。

坏习惯一旦形成便根深蒂固而且很难改掉，这是因为它们有多重提示。有些人知道不要在社交场合抽烟，却仍然会在心烦意乱时这么做。有些人知道要吃更健康的午餐，却仍然会忍不住在夜间吃零食。你能想象如果你有弹性如此强的好习惯会怎样吗？

这样的好习惯不会偶然出现，不承认我们有能力通过多个提示做正确的事的其他策略也不能帮助我们养成这样的好习惯。

在某些情况下，对于某些人和某些行为，最好有一个单一的提示。这是真的，但是请注意这种说法的排他性。因为大多数时候，人的行为在没有特定提示的情况下会更好。我最初在《微习惯》中介绍这个想法的时候，提到了"睡觉前的任何时间"选项。事实证明，"无提示"选项是我和其他许多人最喜欢的养成习惯的方式，用它来搭配弹性习惯策略，效果会更好。

日常提示（每日提示）

对于所有的弹性习惯，我都会使用日常提示。在没有特定提示的情况下，灵活性就会得到极大的提高。但是，正如我们在上一章所讨论的，所有没有稳定性的灵活性就如同地上一团模糊不清的东西一样毫无用处。

如果你说"这个月我要写 50 个以上的单词，一共写 30 次"，那么其实你在第一天就能完成目标 30 次，于是整个月的任务都完成了。如果你允许自己有如此多的灵活性，就会削弱日常养成习惯的稳定性。因此，习惯提示的灵活性至少要限定在一天的范围内。

几乎任何东西都可以成为习惯的提示：想法、气味、声音、人、另一个行动、感觉、欲望、地点，以及一天中的某个时间。所有这些提示都能触发相同的行为。日常提示并不意味着你只选择一个提示，而是要接受所有可能的提示。

如果你选择使用日常提示，并且你的目标是在睡觉前完成你的习惯，你就有了一整天的时间去寻找成功的方法，只要在你的头碰到枕头之前完成即可。这有助于你计划更大的胜利，在需要时得以休息，并养成有多种提示的习惯。

虽然我讨厌机械的生活，也不喜欢预先安排日程，但我确实喜欢把日常习惯作为一个灵活的结构，以适应我自由的生活。我希望自己的生活由写作、锻炼和阅读（我的弹性习惯）组成。有了灵活的日常提示，我每天都在做这 3 件事，只是方式不同，时间不同，完成的量也不同。

日常提示不像人们早晨洗澡的习惯那样在潜意识作用下"自动"完成，但它们可以同样可靠，就像我和成千上万人多年使用最初的微习惯所获得的成功证明的那样。日常提示并非没有缺陷，但可以通过即兴、灵活性和多样化的根源来弥补。

日常提示有一个巨大的好处，那就是消除了微观管理。通常有了特定而单独的提示，你就必须为每个习惯指定一个提示。但是如果你选择了日常提示，就不需要记住在什么时间、什么地点需要做什么事，只需要在一天中的某个时候完成就可以了。

窗口提示

假设你发现基于时间的提示过于严格，而基于日常的提示又过于松散，你既想要一个稳定的提示，又想要一些灵活性（但不是在一整天内灵活变化），那么考虑创建一个窗口提示。

日常提示基本上意味着你每天有 16 小时的时间窗口（如果你每晚睡 8 小时），来完成你的习惯。而窗口提示只为完成一个或多个行为留出了较短的时间窗口，通常是一两个小时，比如下班回家后到晚上 8 点之间。这就像有线电视公司说他们会在早上 9 点到 11 点之间到你家里一样（但愿你会比他们更可靠）。

窗口提示对那些每天（或工作日）有相同空闲时间"窗口"的人来说非常有效。如果你知道完成习惯的最好机会总是在下班后和其他活动之前，就可以考虑将其设置为你的一个或多个弹性习惯的提示窗口。你甚至可以设置多个窗口，比如上班前和下班后，但如果你要管理多个提示窗口，那么也可以把一天中所有空闲时间的窗口提示称为一种日常提示。

我喜欢日常提示，因为它会自动选择我的空闲时间窗口作为提示。当你有空的时候，可以想想你的习惯。这对于变化的生活和变化的时间表来说更为轻松。但如果你有一个可预测的、基本一致的时间表，那么一个基于时间或基于行动的窗口提示可能是最好的。

灵活性测试

更多的灵活性意味着有更多获胜的条件。因此，我建议从日常提示开始，除非你想要或需要为自己的习惯设定好日程表。日常提示非常符合弹性习惯体系和理念。但如果这种方式不适合你，就试试窗口提示，也可以尝试一个特定的时间或动作提示。

首先要给自己尽可能多的灵活性。只有当你发现自己需要更稳定的结构来完成习惯时，才可以减少灵活性。这取决于你的生活方式，以及你有多认真地对待你的习惯。如果你认真对待你的习惯并专注其中，你将很少忘记去完成你的习惯。例如，我有 3 个弹性习惯，在最初 3 个月里我有一次忘记了阅读，而这只是 270 次尝试中的一次。

如果你决定使用基于时间或行动的提示或窗口提示，我建议你设置一个万全的计划。如果你错过了提示或时间窗口，那就去实现普通级别的胜利，这样你在第二天还可以继续努力。

你可以养成在睡觉前查看追踪器的习惯，以确保你完成了每个习惯。在习惯养成的过程中和生活中，并不是每次都要以同样的方式主控每一场战斗，而是在各种情况下，你都要现身并进行最聪明的斗争。

早间计划提示

弹性习惯背后的理念是让你的日常目标适应你的生活。每天以某种方式做出提示对养成习惯至关重要。生活往往是疯狂的，我们无法预测明天是否会像今天一样，或者两周后的情况是否与两周前我们设定目标时一样。日常适应能力使我们能够根据任何内部和外部条件做出即时安排。

日常提示虽然具备这种优势，但缺乏结构。这对无法将自己的习惯融入日常生活的人来说可能是个问题。在完全灵活和完全结构化之间有一个很好的选择，那就是每天早上制订计划。

早上是一个很好的时间段，可以用来审视你的一天，计划什么时候以及如何完成你的弹性习惯。你会对其他安排好的活动有一个大致的了解，甚至会初步了解当天的感受。这比大多数人在设定目标时所拥有的信息要多得多，因为通常目标都是预先设定好的。因此，利用早晨来制订度过一天的计划是一个明智的选择。

你不需要决定你今天想要达到什么等级的习惯水平。但我建议你思考哪一种横向选项对你来说是合理的，然后在时机成熟的时候再做决定。如果你愿意，当然可以计划就某个习惯完成优秀级别的胜利，但我想提醒你，如果由于某种原因你没有达到优秀级别，也要保持灵活性。

大多数目标的主要缺陷在于认为做一件事没有成功就代表失败，人们看到自己最初计划的大目标无法实现，于是决定什么都不做。弹性习惯系统则避免了这种情况。当我鼓励你计划并获得优秀级别的胜利时，我也希望你准备好面对紧急情况，在无法获得优秀级别的胜利时接受普通级别的胜利。

计划可以改变，即使只是改变几个小时。请注意这一点。有了早间计划提示，你会在一天开始时就制订好计划，而且，我打赌你几乎每次都可以成功地按照计划去做。永远不要忘记，只要你拒绝零成功日，你就是势不可当的。即使绕道，也不会让你完全偏离轨道。

提示概括

· **日常提示（推荐）：** 晚上睡觉前做某件事（在睡觉前的任何时间弹吉他）。

· **早间计划提示（推荐）：** 每天早上为当天制订一个弹性习惯计划。为每个习惯选择一个横向选项，随意选择要达到的成功等级。（我要在早上七点半上班前去健身房，午餐时至少达到一次普通级别的成功，晚上打扫厨房。这样就能满足我这一天的 3 个弹性习惯了。）

- **窗口提示：** 在特定的窗口时间段内做某件事。（下午 3 点至 5 点射箭。）
- **基于时间的提示：** 每天在同一时间做某件事。（下午三点半做园艺。）
- **基于行为的提示：** 在一件事之后立即做某件事。（早上起床后锻炼。）

考虑到弹性习惯的横向灵活性（完成一个习惯的多种行为选择），我推荐使用日常提示，因为灵活性允许你选择每天最有意义的提示和行为。

或者，你可以为每一个横向选项设置一个不同的提示，作为那一天的检查点。例如：

弹性习惯：锻炼。

横向选项：做俯卧撑，散步 / 跑步，去健身房。

- 起床后：做俯卧撑。
- 中午十二点半：散步。
- 下班后：去健身房。

在这个例子中，一天内的不同时间段都有提示，你的目标是完成其中一个（或多个）行为。再说一次，我认为日常提示是最好的，因为你可以凭直觉选择一个或多个选项来执行。对多重提示进行微观管理通常是没有必要的，因为一整天的流程和你的精力水平会让你在正确的时间做出正确的选择。有了日常提示，习惯的养成就不那么复杂了。

日常提示是你所能拥有的结构最简单、最灵活的提示。这使得它像人类的肩关节一样灵活有力，但如果没有得到适当的安排，就容易出现问题。为了保证日常提示的灵活性，你需要依赖一个非常关键的结构部件。你需要承诺。

承诺，你就会成功

无论你选择如何追求习惯，在养成习惯的过程中，承诺都是非常重要的。如果你没有承诺做一件事，你就可能无法坚持。我每天都会完成弹性习惯，因为我每天都向自己承诺不接受零成功。唯一能让我忽略习惯的正当理由是生病和休假，在这两种情况下，我都不要求自己做任何事。（我也可能继续我的习惯，但这不是必须的。）

我知道承诺很难，但这带来的结果是不同的。当你有完全的灵活性来决定如何、何时，以及以何种能力去完成你的习惯时，你是很容易做出承诺的。"30 天挑战"如此普遍，3 年的挑战却难以流行，原因在于人们很难承诺接受 30 天以上的挑战。

人们常常难以承诺，因为他们不确定自己是否想要坚持下去。结婚似乎是一个人能做出的最大承诺，人们觉得结婚是他们生命中最美好的一天。如果你喜欢你所承诺的事情，那么承诺就是快乐的。相信我，你也会喜欢承诺完成弹性习惯的。

我完全可以一辈子坚持我的弹性习惯，因为：

1. 弹性习惯很有趣： 我可以和自己竞争。我可以用各种方法获胜。我不必每天都写同样单调的标记或画 X，因为每一次胜利和奖励都是有价值的，而且是可以衡量的。我每隔 15 天就得到一个新的分数。我可以获得额外的收获。弹性习惯就像一个很有趣的游戏，而我总是立于不败之地（只要我出现即可）。它们直接而显著地使我在生活中受益良多。

2. 弹性习惯可以提供支持： 弹性习惯会在任何情况下，出于任何原因，在任何时间段内切换到超级简单的模式。我可以决定"休息 1 个月"，只完成 3 个普通级别习惯（每天用时不超过 5 分钟）。当我让自己更加努力，我就能得到更好的结果或更大的满足感，但我会保持让这个系统变得强大的一切：每天都行动。基于我个人生活中不断变化的情况和环境，我现在可以按自己想要的方式来推动自己。

3. 弹性习惯令人兴奋： 你看过电影《金刚》中金刚捶胸的镜头吗？我不太愿意把这件事公开，但由于弹性习惯策略，我确实多次这样做过。很多天里我都有这种感觉，我清楚地知道优秀级别的胜利意味着什么，每次我赢得胜利时都感到很激动。在过去，我获得大胜利时感觉也很好，但没有这么好。我会感到鼓舞，但不是这种鼓舞。那个小小的金色贴纸就是我今天获胜的证明，如果我忘记了自己已经走了多远，还可以随时回顾。与其他的习惯养成策略不同，弹性习惯讲述了关于一个人的伟大之旅的故事，记录、量化和回顾成功是很容易的。

如果你选择了日常提示，就要承诺坚持下去，每一天都要认真对待。如果你没能在一天中的早些时候完成习惯，也永远不要忘记你的安全网（普通级别）。这样做，你就可以走得更远。

展示你的习惯

我强烈建议你在家里展示自己的习惯。现在就去扔掉你的习惯日记吧，因为这不是什么需要隐藏的秘密。是否做出这样的决定可能会导致失败、成功和非凡成功等不同的结果。

如果你希望以正确的方式去做，则需要展示两个内容：你的弹性习惯和你的习惯追踪器。

不管你如何追踪日常习惯（下一步），我都建议把你的弹性习惯分别写下来，放在追踪器旁边。为什么要这么做？一个典型的弹性习惯有 9 个获胜条件，这意味着它不适合一个小空间。

不需要"每天跑 1.5 千米"，因为你有 9 种不同的健身活动和强度可供选择。这种弹性需要被放大，变得更有吸引力，使你容易看到并进行处理。

　　我创造了一款专门的产品来让弹性习惯系统高效地运转，但这并不是成功的必要条件：你可以使用家里的材料来自制习惯追踪器，只要把你的习惯打印在普通的纸上，或者把它们写在（彩色的）便签卡上，然后画出表格即可。当你想要更改计划时，你可以编辑你的文档，打印出新的表单，或者在新的便签卡上写下来。现在，我们来谈谈习惯的追踪。

追踪你的习惯

　　大多数习惯追踪系统都需要用符号"×"或"√"来记录，因为系统中只有一个成功的级别。而我们有 3 个级别的成功，这意味着我们需要 3 种不同的符号。实际上，我们并不想要任何符号，因为有一个重要的心理学观点表明，要优先考虑整体性并奖励所有级别的成功。

　　为了做到这一点，我建议在标记不同级别的胜利时，使用只有细微差别的符号。不要用真钻石来标记优秀级别的胜利，也不要用死苍蝇钉在墙上来标记普通级别的胜利。这些都是实在且有价值的胜利！我将使用正式的弹性习惯追踪器作为示例来说明如何实现这一点。

彩色编码和标记

　　有些人会根据不同的习惯使用不同颜色的贴纸。例如，蓝色贴纸代表多喝水，橙色贴纸代表打扫房间。而我认为这是对颜色编码用途的侮辱！你的习惯已经有了自己的位置和名称，凭借这些就足以识别了，它们并不需要有自己的颜色。但我们可以用颜色来区分成功的级别。

　　官方的弹性习惯追踪器是为两种不同尺寸的彩色圆形贴纸设计的。完成一个习惯后，使用与该习惯级别对应的彩色贴纸（绿色代表普通，银色代表略好，金色代表优秀）来标记。这些贴纸的大小和形状都是一样的，这表明它们在很多方面都是平等的"胜利"。

　　注意：如果你是色盲，你可能会区分不同贴纸颜色的深浅。如果这太有挑战性，或者你不想使用贴纸，那么也可以使用符号来代表不同的等级。

　　如果使用符号，我建议从下图的两种方法中选择一种。为什么？因为使用贴纸的一个重要好处是可以反复标记成功，而这些符号所表示的进展也允许你做出修改。在任何时候，你都可以从普通升级到略好，或者从略好升级到优秀。

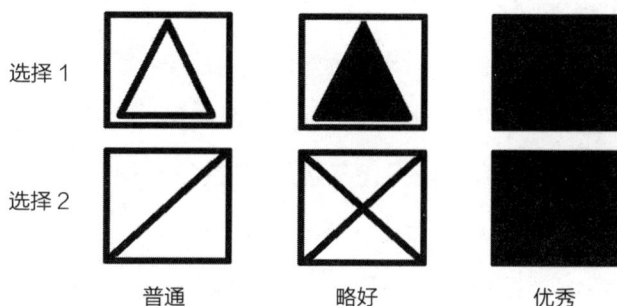

选择 1

选择 2

普通　　　　　略好　　　　　优秀

重复成功

　　如果你已经用马克笔将普通级别的方框标记成绿色，但当天晚些时候，你意外得到了优秀级别的胜利，而那个方框已经涂成了绿色，无法轻易改变（虽然可擦马克笔也适用于习惯追踪器，但我不建议擦除一种颜色，再画上另一种颜色）。

　　如果使用贴纸，你可以把金色贴纸覆盖在绿色贴纸上来代替它。同样，由三角形和正方形构成的图形序列允许你在需要时添加更多胜利：在正方形中画一个三角形代表普通级别，将三角形涂上颜色代表略好级别，将内含三角形的正方形涂满颜色代表优秀级别。你使用的符号一定要允许重复升级，这是很重要的，因为它会给你的胜利带来意外升级的机会。我向你保证，这样做既可以鼓舞人心，也会令人愉悦。

　　如果使用的是标准日历，你可以在每日方框的旁边、上方或下方按照你的弹性习惯使用贴纸或符号做标记。例如，把健身放在左上方，阅读放在中间偏左的地方，嗓音训练放在左下方。这样标记不会像正式的弹性习惯追踪器那样专业，也没有记分组件，但它的优点是可以直接融入你当前使用的日历中。

每天只需 20 秒，在你的 3 个习惯追踪方框里贴上贴纸或画上符号。这是弹性习惯系统唯一需要的"日常维护"！

那么手机应用程序呢？

根据时间、金钱和实际需求，我有可能在未来创造一个追踪弹性习惯的手机应用程序（我可不会保证什么）。但现在是一个很好的时机，让我来说明物理习惯追踪为何几乎总是优于虚拟追踪。

手机应用程序在某种程度上就像一种想法，它不会长久地存在，很容易被淹没在你手机中的很多应用程序中。大多数人都随身携带手机，但它们的便利性却被分散注意力这一现实影响抵消了。我在使用手机应用程序追踪习惯时，从来没有得到过长期成功，但我使用真正的日历追踪习惯后，就取得了显著的成功，因为它在我的世界里永远不会被忘记或丢失。使用我自己创造的弹性习惯追踪器，我比以往任何时候都更成功，我没有错过任何一天，还经常获得优秀级别的胜利。

如今我们生活在一个科技发达的现代化社会，但你同样有理由让你的习惯在现实世界中脱颖而出。纸张的可触摸性能与人产生触觉互动，使弹性习惯的追踪更加真实且令人满意。看到呈现在纸上的进步也会让你感觉更正式。（大学毕业证书没有数字版是有充分理由的！）

话虽如此，但我从未在应用程序上取得成功的另一个原因在于，应用程序并不适合灵活、智能的习惯策略，只适合一些基本的习惯策略。就在我写这篇文章的时候，还没有一款应用程序能够支持弹性习惯的横向和纵向灵活性。在一个标准的习惯追踪应用程序中追踪一个弹性习惯会导致一场混乱，但也欢迎你尝试一下。

对你的表现进行打分和评估

弹性习惯有 3 个级别的成功，这开启了一种全新的习惯追踪方式。在大多数系统中，人们只用"是"或"否"来标记习惯是否完成，而现在你可以量化每个习惯和每天的表现了。和其他策略一样，你仍然在争取每天 100% 的胜利，但是你也可以留意自己超越最低级别胜利的频率。

使用官方工具追踪弹性习惯并不会比追踪标准习惯花费更多的时间或精力。并且弹性习惯的记分组件是可选的，如果你愿意，也可以只追踪成功，而不使用记分。

这很容易

弹性习惯系统可能看起来很复杂，但这只是因为我在解释系统背后的策略，而这个策略是非常先进的。如果我要解释计算机的内部工作原理，以及为什么要以某种方式将各个部件组装在一起，那听起来一定也很复杂，但最终的产品是直观的，便于使用且功能强大。举例来说，考虑到我们讨论的所有这些选项，维护这个系统每天也只需要 20 秒！弹性习惯系统在实践中就是这么简单。

1. 你可以同时培养 3 个习惯。
2. 每个习惯都是灵活的，有多种不同强度的选择来适应你当天的情况。
3. 你只需要在晚上睡觉前的任何时间完成习惯即可。（你可以为每一个或某些习惯设置提示。）
4. 每天展示并追踪你的习惯。我创建了一些工具以尽可能地简化这个过程：习惯海报清楚地展示了你的习惯及其所有有利条件；追踪日历会使你追踪成功的过程变得很愉快。

一旦你选择了习惯，定义了习惯的横向和纵向选项并设置好习惯追踪器，一个最简单、最有益的弹性习惯系统便形成了。你可以看着你的习惯海报，决定选择哪个级别的哪个习惯，并在你的习惯追踪器上标记你达到的等级。每天上床睡觉前或者第二天早上，我只要完成一个习惯，就会做上标记。

要维护弹性习惯系统，你所要做的就是每天在 3 个方格内做标记。作为回报，它会给你一个稳定而灵活的结构来最大化利用你的时间，并以你自定义的速度取得进展。我不会告诉你什么时候去争取优秀级别的胜利，这要由你自己去决定。我也不会告诉你什么时候该放慢速度，什么时候该用一些普通级别的小胜利来休息一下，这还是要由你自己去决定。每个人都是不同的，弹性习惯系统可以毫不费力地适应所有人的独特生活。

简单地说，一个弹性习惯就像一个正常的习惯，只是你有多种获胜的方法（每种都有自己的优点），而不是一种。更多的胜利条件意味着更多的胜利，每天有不同的可能性意味着在这个过程中不会那么无聊（无聊是常见的习惯杀手）。接下来，我们将讨论先进的战术，以及如何每天获得成功。

结束语

我对弹性习惯策略的设计经过了无数小时的思考、
实验和研究，最终得出一个简单、
流畅且易维护的方式来建立习惯并实现短期的结果。
虽然弹性习惯系统每天只需要几秒钟来维护，
但它会给你带来强大的激励和巨大的满足感，
让你每天都能获得各种级别的成功。

第 10 章
高级的策略和战术

认识到需求是设计的首要条件。

——查尔斯·伊姆斯

下面的策略是非强制、可选择的，并且比我们刚刚介绍的核心弹性习惯系统更高级。 它们为那些有需要的人提供了很多的定制选项。

模块化的习惯

我们可以利用弹性习惯的纵向灵活性做一些有趣的事情。衡量纵向成功的默认方法是使用任何行为的重复代表。

重复代表示例：
· 写作：50 字，500 字，1500 字。
· 锻炼：5 个俯卧撑，30 个俯卧撑，100 个俯卧撑。

默认情况下都是通过重复更多相同的行为来获得下一级别的成功，同时将不同的行为用作横向选择。但是有了模块化的习惯，额外的行为就变成了纵向组件。现在以厨房清洁为例。我们每天都需要在厨房里准备食物。

你可以用这个模块化的习惯来清洁厨房，为了在模块化的习惯中获得优秀级别的胜利，你必须完成 3 种行为（或者只完成一种，以得到普通级别的胜利）。

厨房清洁（模块化）

普通	洗碗和清洗水槽
略好	清理厨台
优秀	扫地和拖地

水槽和碗碟是厨房的中心。如果这些东西乱了，厨房的整洁就会被破坏。因此，洗碗和清洗水槽可能是你进行厨房清洁的第一选择（普通级别）。整理和清理厨台是略好级别的行为。最后，清洁地板是优秀级别的行为。

这里有一个模块化健身习惯的例子（同样，这只是你的三个横向健身选项之一）：

· 普通：2 分钟的伸展运动。
· 略好：跟随健美操视频锻炼 10 分钟。
· 优秀：跟随肌肉训练视频锻炼 10 分钟。

这些模块互相融合，即使在任何一步停止，你仍然可以从中受益。在普通级别，你可以得到很好的伸展锻炼。在略好级别，你可以做伸展运动和一项简单的锻炼。在优秀级别，你可能已经完成了整整 20 分钟的训练。

模块化的习惯使得优秀级别的胜利更容易实现。与标准的弹性习惯不同，模块化习惯的优秀级别包括 3 个行为，因此较高级别的行为应该不会像通常那样困难。

学习乐器：

· 普通：练习和弦 1 分钟。

· 略好：练习一首曲子 15 分钟。

· 优秀：学习音乐理论 15 分钟。

完成优秀级别总共需要 31 分钟，其中包含了序列里的每个行为。

省钱：

· 普通：在家煮咖啡。

· 略好：带午餐去上班。

· 优秀：在家做晚餐。

公共演讲：

· 普通：呼吸练习 3 分钟。

· 略好：练习绕口令 5 分钟或 20 次。

· 优秀：练习时长 2 分钟的演讲 5 次。

模块化的习惯对于多种技能的练习都很有用，比如公共演讲。你可以通过呼吸练习来提高发声能力，通过绕口令来练习发音，通过演讲练习来保持镇定。

可互换的习惯

模块化的习惯需要有序开展，可互换的习惯则可以按照任何顺序完成。为了让你了解实际情况，这里列举一个全面清洁的弹性习惯的例子。其中包括一个模块化的习惯、一个可互换的习惯和另外两个习惯。

清洁

	厨房清洁（模块化）	快速清理	洗碗	深度清洁 （模块化、可互换）
普通	洗碗和清洗水槽	1 个房间	1 分钟	真空吸尘器
略好	清理厨台	2 个房间	10 分钟	除尘
优秀	扫地和拖地	3 个房间	30 分钟	清洁浴室

虽然看上去有很多选择，但每天做选择的过程其实很简单，只需从你想要或需要进行的清洁类型开始（表格上方的那一行选项），然后查看各列的选项。

第一列中的厨房清洁是模块化的，这意味着你必须逐级按照顺序来做。最后一列中的深度清洁行为是模块化的，也是可互换的，这意味着你可以从任意行为开始，比如略好级别的除尘。

如你所见，通过将一些弹性习惯设置成模块化和可互换的，你几乎可以适应任何所需的行为组合。你的清洁习惯可以包括多种类型和级别的清洁，以适应居家清洁的多重方式。

将模块化功能添加到核心的弹性习惯概念中，可以为习惯的设计带来巨大的创造性潜力。你甚至不需要将模块化选项限制为 3 个。

习惯池

由于模块化或可互换习惯的纵向组件需要每次从选项池中选择一种行为，你可以考虑在选项池中放最多 6 个模块化选项（以免太麻烦）。池中每个完成的行为都代表一个级别。

对于所有可互换的习惯，重要的是尽量让它们保持相同的难度。作为参考，你应该把它们大致设定在略好级别或稍微容易一点的级别。这些行为都可以再升一级，你一定不希望将它们设置得太难或太容易。

锻炼池示例：15 个引体向上，20 个俯卧撑，30 个开合跳，30 个深蹲，1.5 千米快走或慢跑，10 分钟的伸展运动。

完成 1 项是普通级别，完成 2 项是略好级别，完成 3 项是优秀级别！

弹性流程

弹性流程是一系列连续完成的行为。它们不同于一般的日常活动，因为你可以根据你的时间、动力和精力来选择每天的流程的强度（普通、略好、优秀）。它们具有纵向灵活性，但在横向上没有延伸，因为这些行为都是预先决定的。

我建议你每天最多做 5 件事。下面是一个早间 4 种习惯流程的例子。早间流程是最有可能的一种选择，但是你也可以建立睡前习惯流程或中午习惯流程。

早间的流程（完成任何一行）

	第一步	第二步	第三步	第四步
普通	1 个俯卧撑	5 个深蹲	1 个瑜伽姿势	刷牙
略好	10 个俯卧撑	25 个深蹲	3 个瑜伽姿势	刷牙和使用牙线
优秀	30 个俯卧撑	50 个深蹲	5 个瑜伽姿势	刷牙和使用牙线

你可以从左到右来观察每个弹性流程。普通级别的流程包括 1 个俯卧撑、5 个深蹲、1 个瑜伽姿势和刷牙。考虑将其他想法安排到你的早间流程中，包括任何日常的仪容整理或卫生活动，写作，阅读，准备早餐，计划一天的活动，冥想，锻炼，回复邮件，"禁用电话"或在特定时间内使用电话，在特定的时间起床等。

弹性流程和模块化的习惯的区别在于，流程必须以选定的强度完成，而模块化的习惯只要完成部分即可。弹性流程是多种行为的结合，因此比单一的弹性习惯或模块化的习惯更难执行，但这对于你的努力是很有价值的，因为各种行为是在精简之后一气呵成地完成的。弹性流程比标准的流程要好得多，因为它允许你每天调整强度。例如，如果你早上没有太多时间，你可以快速地做一些普通等级的流程。

我建议将 1 个弹性流程视为 2 个弹性习惯，因为它包含多个行为。因此，我推荐的最多 3 个习惯可以看作 1 个弹性流程（相当于 2 个弹性习惯）和 1 个习惯。但这也取决于你的目标和你为流程设定的难度如何。流程中的行为是连续进行的，所以在这些行为之间不会有太多的摩擦，完成一个包含 3~5 个行为的弹性流程只比养成 1 个弹性习惯难一点点。从最困难的部分开始，一旦你进入了流程，就会有动力帮助你完成。

我建议为你的弹性流程设定一个明确的提示（而不是每天的弹性提示）。由于包含 3~5 个行为的弹性流程相对复杂，即使是普通级别也比常规的弹性习惯需要更多的结构。一个有规律的弹性习惯会产生很好的效果，因为它允许你在有些时候计划很大的成功，并在其他的日子里适应较小的成功。但规模更大、更精细的弹性流程需要更多的计划才能持续成功，即使是普通级别也是如此，所以选择一个时间或行动作为提示来触发流程里的第一个行为。

早间的弹性流程很简单，而且是下意识的，醒来就是行动的提示。你甚至不用想就能得到一个结构化的提示！这就是为什么早上是进行弹性流程的最佳时间。如果你从一套自信的自我照顾行动开始，就会发现你的一天将有很大的不同。

无论你的生活是匆忙、放松还是紧张的，弹性流程都会给你一个答案和其他一切！

只要记住，你必须完成所有的普通、略好或优秀级别的行动，以赢取这一级别的胜利。如果你愿意，也可以用一个模块化的习惯来做早晨的流程，这样就不需要做每一个单独的行为了。

改变目标

全世界最成功的那些公司都会使用数据来改进他们的制作流程、服务和产品。现在，你可以使用同样的方法来对待你的习惯！如果你做出了改变，你就能够精确地量化习惯是如何影响你的表现的。通常只有两个原因才能让你改变目标：

1. 目标数字与想达到的结果相差甚远。
2. 15 天或一个月的期限结束。

你想等到期限结束的原因是为了把你的成绩与标准成绩相比较。如果你一开始设定了一套目标，却在中途改变了目标，那就很难解读你的结果了。如果你保持目标不变，就可以看到你在特定周期结束后目标的执行情况。

你可以用第一个 15 天作为一个测试期，对你的目标进行调整，从而了解什么对你是有效的。如果你想改变目标，但仍然好奇地想要评估你当前的目标，那就等到 15 天期限结束后再改变。

冲刺

在弹性习惯中，有一个神奇的概念叫"冲刺"。我们知道"冲刺"在跑步、游泳，甚至在实现目标的过程中意味着什么，那么弹性习惯中的冲刺有什么不同呢？

最常见的基于目标的"冲刺"是 30 天挑战。人们试图在 30 天内彻底改变自己的行为。作为一个实验，这很不错，但作为一个自我改变的工具，它就不那么好了。30 天的周期是武断的，不具备科学价值。尽管这总比什么都没有好，但还没有达到理想的境界。

目标冲刺的主要问题是它会很快结束。一旦目标冲刺结束，你会怎么样？或许无事可做，你会逐渐或迅速地回到你之前的样子。没有后续计划的状态让我想起一句名言："没有计划就意味着计划失败。"

弹性习惯的框架是独特的，可以以任何方式延伸，在它的自然框架内非常容易适应"冲刺挑战"，而不会打断你的总体习惯养成轨迹。重要的是，你已经有了冲刺（正常的弹性习惯）之后该怎么做的计划，甚至还准备好另一个计划，以防冲刺出现问题，需要因某种原因而退出。总有一张安全网是为你准备的："我今天只要完成普通级别就好。"无论如何，你每天都会进步。

如果想增加乐趣，你可以在途中任何时候接受冲刺挑战。我建议你保持 15 天或 15 天以内的周期，特别是因为你要在 15 天之后给自己打分。这是在弹性习惯系统中进行冲刺挑战的另一个巨大好处：你已经有了一个记分框架来记录和奖励你的冲刺。

这里有一些关于冲刺的想法供你参考：

· 优秀冲刺：看看你是否能连续 3 天让所有习惯都获得优秀级别的胜利。
· 完美一周：看看你是否能让你的某个习惯连续获得 7 次优秀级别的胜利。
· 集中攻势：尝试在 15 天的时间里，让你所有的习惯都达到略好或优秀级别。

如果你决定追求冲刺挑战，永远不要忘记这是在弹性习惯系统的框架内。这个框架表明，你至少需要每天都获得普通级别或更高的胜利。不要因为没有获得优秀级别的胜利，就觉得自己彻底失败了，因为这样会使你失去动力，陷入"要么成功要么失败"的模式，而大多数习惯和目标都是被这样的模式扼杀的。因此，要抓住普通级别的胜利，第二天再尝试，或者重新组合习惯，在未来进行冲刺挑战。

至于为什么这种冲刺挑战与其他挑战不同，甚至更好，原因在于你是在一个完全安全的环境中推动自己的。如果你有一天或几天在挑战中失败了，你仍然可以在当天晚些时候获得普通级别的胜利，来避免可怕而代价高昂的行动空缺。弹性习惯的冲刺挑战与众不同，它不会使你陷入"要么成功要么失败"的模式。你正在追求一项伟大的成就，即使你错过了最高目标，也会有更大的安全网接住你。

滑雪的教训：安全第一，争取最大进步

我在 30 多岁时第一次尝试单板滑雪，结果我的屁股比沃伦·巴菲特的早餐预算还要紧。这并不是一次成功的尝试，至少对我来说不是。我费了很大的劲，最终决定换成双板滑雪，毕竟人们都说这相对容易些。唉，我在滑雪方面也很糟糕。

我加入了一个 10 人左右的小组。我们各滑各的，偶尔也一起滑下斜坡。但是作为初学者，我遇到了一个大问题：我无法放慢速度。似乎无论我采用什么动作，都会以全速猛冲下山。不知怎么回事，我试着"刹车"的时候，也会比那些不刹车的人滑得更快。这似乎是一个恶作剧，就好像有人在我的滑雪板顶端装上了强力磁铁，而我的滑雪板又被山脚下的超级磁铁所吸引。

曾经我的屁股旋转得就像购物车上坏了的轮子，而我最初尝试刹车的时候总会搞得两块滑雪板靠得很近，却没有将它们深深地嵌入雪里。看冬季奥运会上职业选手的比赛时我发现，他们会把滑雪板合在一起以加快速度，我想我无意中做出了同样的动作，唉。

由于控制技巧和最大速度都很差，我基本上就如同一颗人体雪弹。我

经常故意摔倒，免得伤及无辜。我甚至对森林感到害怕，因为我可以轻而易举地撞倒一棵树（我很清楚这一点）。

我的朋友玩过几十次单板滑雪，有一次他和我一起滑下山坡，他看到了我（在各个方面）是多么的失败。我们到达了斜坡的底部，通常滑雪者滑到这个地方就要放慢速度并开始转弯，然后滑上雪场电梯返回山上。如果继续直行，就会有很长的一段碎石区域让你不得不"放慢速度"，这似乎比滑下整个山坡更糟糕。

我的朋友让我慢慢地退出那片区域，滑上通往电梯的缓坡。他看着我的姿势，试图找出我在刹车时的问题。他让我把大腿挤在一起，把滑雪板摆成倒 V 形或一角比萨的形状，但我没有成功。

下面这个故事百分之百真实，就连时间也很准确。我在平缓的山坡上又滑了几次，看到小孩子们随意地滑着雪，我沮丧地说："啊！为什么这里只有我一个人不会刹车？"我指着下一个下山的人。"看那个家伙，"我说，"他好轻松啊。"我们都看着这个男人快速地滑着，一点也没有减速，即使脚下的滑雪板碰到可怕的碎石路面时，他还是径直滑了过去——于是他与他的滑雪板分离了。这一切看起来就像是卡通片中的画面。"好吧，这是个糟糕的例子。"我说着，我们都笑了。

幸运的是，那个人还好，但这是我见过的最有趣的事情之一，因为我恰好随意地将他作为一个例子，来说明刹车对别人来说是多么容易。或许我本可以教他一些东西，比如如何在到达碎石区域前就优雅地摔倒在雪地里。

突破

在那天，我的朋友变成了我的英雄，他陪我在无聊的电梯区待了 45 分钟，最终帮我解决了问题。我终于有了突破！我学会了如何将滑雪板内侧深陷到雪地里，真正做到了减速和刹车。我仍然没有做到尽善尽美，但还是取得了一些进展，这使我在滑雪时获得了很多乐趣，对他人造成的生命威胁也明显减少了。

教训：当有一个可以进行实验和学习的安全环境时，你可以取得很大的进步。 从山顶开始滑雪时，我几乎没有进步。我的速度太快时就会变得很不安全（就我的技术水平而言），导致我不得不退出，留给我学习的时间就更少了。

朋友的鼓励和平缓的坡度让我感到安全，使我能够专注于滑雪而不是去想会不会丢掉小命，最终，我取得了突破。同样，弹性习惯是不带偏见的，它会接受你所有的进步，对初学者很友好。弹性习惯就像一块神奇的跳板，可以使你到达更高的高度。弹性习惯并不会让人跳起来后栽倒在"碎石区域"，因为它们是安全的，支持你每一次不完美的尝试。

安全支持系统

安全支持系统很少见。通常，你每时每刻都被要求把自己推到极限，没有任何借口。这在理论上是可以的，但当你知道自己并不完美的时候，就有问题了。

人不是靠蛮力来实现伟大，而是通过不断训练才能变得优秀。这是唯一的办法。这里存在的细微差别是：也许少数人能够用蛮力来训练自己，但我们大多数人不仅对此不感兴趣，也无法对自己这么做（回到自由的话题）。因此，我们有必要找出合适的替代方法。

在一个安全支持系统中，你可以按照自己的方式训练，永远不要放弃你的自主性或自由。想想一开始那座山对我做了什么。它说："你要学习以每小时 480 千米的速度前进，否则就什么都别学了。"这就是我不断摔倒，并且想要放弃的原因。在那种情况下，我无法学到我需要学习的东西。

　　然而电梯附近的斜坡太和缓了，我的朋友不得不推着我让我滑动，仿佛我是一个坐在秋干上的孩子。一开始，在那么和缓的斜坡上被人推，我感觉尴尬极了，但这也让我可以专注于我的技巧和训练，而不用担心周围随时出现的孩子（他们是优秀的小滑雪者），也不用害怕会冲进那片覆盖着白雪的神秘森林。

结束语

　　弹性习惯框架提供了许多充满创造性的可能。

　　本章中的策略是可以任选的。

第 11 章
如何通过弹性习惯获得每一天的成功

> 人们听到了，认同了这个教义，却立即实行相反的做法。
> 说得好不如做得好。
>
> ——本杰明·富兰克林

我的锻炼弹性习惯有 4 个横向选择：做俯卧撑或引体向上，去健身房，定时锻炼（做任何运动），去附近的湖边散步。在湖边的小路上，我可以散步、跑步、慢跑或者做高强度间歇训练。以任何速度跑步都可以，因为我用圈数作为评判成功的标准。湖边每一圈的长度约为 1 千米，我的弹性习惯目标级别是 1 圈为普通级别，3 圈为略好级别，6 圈为优秀级别。

只要出现就是胜利：雨中奔跑

有一天，我不想锻炼太长时间，但我想我可以跑 3 圈，来获得略好级别的胜利，这也是不错的成绩。上次锻炼的时候，我做了高强度间歇训练。这一次，我决定试着跑完 3 圈。我成功了，但我住在佛罗里达，当时气温超过了 32 摄氏度。于是，我决定带着水壶，沿小路慢慢地走一圈，让自己凉快凉快。在第 4 圈完成之后，我喜欢上了这片宁静的风景，原本懒散的一天加入愉快的跑步让我感觉很好。那个时候，我意识到我可以利用自己的动力，在一个其他方面都不太好的日子里取得巨大的胜利，所以我决定再走 2 圈，把我的总成绩提高到 6 圈（优秀级别的胜利）。

注意：如果你在普通或略好级别上完成了一个弹性习惯，并在习惯追踪器上标记了成功，这并不意味着一切就结束了。你可以在睡觉前升级你的胜利。我经常计划每天让每个习惯达到某个水平，但有时我会改变主意，并说："你知道吗？我可以做得更好，我可以的。"

我刚跑完 5 圈，就下起了雨。雨下得很大，路上的行人纷纷赶回家，但我留下了，我还需要走一圈。在走最后一圈的时候，我浑身都湿透了，脸上却带着满足的笑容。这场暴风雨似乎代表了我生命中的逆境，尽管如此，我还是会继续前进。在那一刻，我感觉自己就像一个冠军，赢得了一场真正的优秀级别的胜利。

在拥有弹性习惯之前，我可能会对这种暴风雨感到不安。我会想："太好了，当我终于决定跑步时，结果下雨了。"然后我就会回家。但这次不同，由于我还需要再完成一圈才能获得最终的胜利，这场雨并没有让我感到讨厌或不吉利。那感觉就像一个可怜的障碍试图挡住我的路，但它失败了。我大笑起来，像第一个冲过终点线的跑步运动员那样高高举起双臂。（别担心，没人在雨中看到我这个疯狂的傻瓜，他们都在室内待着呢。）

暴风雨本身就是一部史诗，而我觉得自己就像是电影里的主角。我想我知道原因是什么。在所有的故事中，主角总是会遇到一个必须战胜的对手，但他们获胜的过程并不是一帆风顺的。主角总是想要一些特定的东西（拯救世界、生存、事业成功、爱情），而对手总是会给他们设置障碍。

有了明确的目标，你就成了主角（因为主角总是有目标的），任何出现的障碍都是你必须战胜的对手。当我完成 5 圈的时候，第 6 圈就是我赢得优秀级别胜利的门票。这就是我想要的。这与下面这个极为糟糕的观点正好相反："我正在努力保持身材，哇，就在我终于有动力跑步的时候，天开始下雨了。"看到区别了吗？特定的目标，特别是在分层级的情况下，能够强有力地改变你的观点。

我的弹性习惯影响了我的行动，而这场雨实际上增强了我的经验，让我更为自己的成就感到自豪。当你有了具体且分层级的弹性日常目标时，那种神奇的时刻就会出现。以我的经验来看，这样的事会经常发生。你知道你每天至少会获得普通级别的胜利，但你并不总是知道如何或什么时候你会比预期做得更好。这些惊喜和我刚开始使用弹性习惯的时候一样有趣。

我本以为微习惯策略是最有趣的了，但是，弹性习惯策略很容易就实现了比它有趣 3 倍。没有一般的奖励，但你可以量化和庆祝具体的超额成就等级。你可以对目标进行微调，以鼓励自己取得具体的结果。即使在雨中，这感觉也很棒。

我的雨中跑步之所以可以实现，是因为我每天都致力于做一些锻炼，并填写习惯追踪器里的方格。这并不是一个困难的或需要很大勇气的要求，因为我只需要 10 秒就能完成 3 个俯卧撑。然而，这是一个聪明的策略，让我每天都可以获得胜利。这正是每个球队教练都想做的：让球队处于获胜的位置。通常，一支球队只有准备充分，制定好策略，才能取胜。同样的道理也适用于我们。

弹性习惯把你置于一个最有利的位置。无论是横向还是纵向的灵活性，都会使你感到完全的自由，你将拥有诱人的积极胜利，以及助你一直坚持下去的高招（普通级别的胜利），所以不管发生什么，你都不会出局。只要你继续动起来，至少可以满足普通级别的要求，你就不会输，而且还有可能获得大胜。

普通级别日

尽管普通级别的胜利很不起眼，但若你低估了它，也会有很大的危险。

我所写的三本书在很大程度上都是基于这个小小的日常胜利所具有的影响力，然而，从弹性习惯选项的表面来看，普通级别依然是最不起眼的。它永远不会像其他更高的级别那样吸引你的注意力和欲望。

毫无疑问，弹性习惯的普通级别胜利是整个系统的关键。你之所以有能力获得那些优秀级别的胜利，是因为你在前一天或后一天可以自主决定用一个简单的普通级别胜利来获得"休息"。如果哪一天，你轻视普通级别的胜利，你在那天肯定很失败。

我知道完美主义者每次都想得到 A+。对此，我想说明，在弹性习惯系统中，A+ 并不是优秀级别。优秀级别属于另一个层面。你的第一个成绩要么是 A+，要么是 F，这取决于你是否行动，行动了就是 A+，没行动就是 F。

我建议你至少完成一两次所有习惯的普通级别目标。这样一来，你的习惯追踪器上就会有三张绿色贴纸。如果你真想完成更高级别，那就去做吧，但在某种程度上，总有一天，你会认为迅速获得普通级别的胜利是有必要的，并且认为这很好。一旦这样做了，你就会发现自己不需要太多努力就可以获得成功的一天，你也会因此看到弹性习惯的全部影响力。

我并没有在夸大，所有在弹性习惯系统中失败的人，都是低估了普通级别的重要性而选择在习惯追踪器上留下空白的人。空白会导致更多的空白，直到完全失败。

弹性习惯的力量就在它的名字里，它是指在不违背你在各个领域的行动意图的情况下所能获得的全部胜利范围。记住，弹性意味着有弹力，尤其是在"拉伸"的时候。如果你忽略了普通级别，你的习惯就会在你需要小胜利来维持下去的时候土崩瓦解。让你的习惯向各个方向延伸，它就能适应生活中最艰难的打击。

我们大多数人已经熟悉那些雄心勃勃的目标，也知道它们的优点。而度过"全普通级别"的一天将有助于你明白，在长期计划范围内，就算有些时候节奏慢、效率低，也是可以接受的。

每天至少得到一个略好级别甚至是优秀级别的胜利，可能会让你感觉压力很大。千万不要这样。一定要拥有完全的灵活性和弹性。让你的习惯向各个方向延伸，你就会在一个前所未有的级别上做得很好。相信我，接受"全普通级别"的一天并感到满足，你就可以保证自己有能力将习惯坚持下去。"30 天计划"会告诉你在哪一天可以不必坚持下去，你会很高兴地重获自由，但与"30 天计划"不同的是，你可以在未来几十年里成功地实践弹性习惯系统。它会弯曲、伸缩，扩展到你的每一个需求、每一次激励迸发，它会和你一起成长！

如何应对假期

在我看来，在度假期间可以完成习惯，也可以不完成。假期的目的是体验日常生活之外的事情。也就是说，我有时会改变自己的习惯，让自己更适应假期生活。

这里没有错误的决定，但是做决定很重要。对我来说，如果某一天是我的假期，我可以在那一天中休息。出门和回来的当天也都算在假期之内。

关于弹性习惯的假期选择（从最严格到最不严格）：

- 假期和在家的时候都要养成同样的习惯。
- 简化你的弹性习惯，使之在路上容易实行（最好是一个标准的普通级别习惯）。
- 在家时要完成弹性习惯，外出的时候就不需要了。
- 每年给自己放几天假，不去完成你的习惯，并按照你想要的方式利用这段假期（就像公司放假一样）。
- 在假期或出门旅行时放弃弹性习惯（即使你一天中有一部分时间在

家）。我会用黑色贴纸来标记这些日子。

我还制作了旅行追踪卡——大小和普通名片差不多，专门用来记录在出行期间的习惯（在 https://minihabits.com 上可以看到）。

在度假的时候保持弹性习惯是完全有可能的（这也不是一个坏主意）。这取决于你的目标、生活方式和所选择的习惯。无论你做了什么决定，只要确保你会做出决定就好。如果假期来了，而你没有适当的程序来应对，你就有可能自乱阵脚。就像《狮子王》里的刀疤所说，要时刻做好准备。

在假期到来前完成习惯

如果你要在这个假期去旅行，你可以和自己定下协议，在旅行前多做一些事，来弥补你出门的时间。

在度假时你不能打扫房间，但你可以在出发之前多完成一些打扫任务，完成你今天想要的级别，再完成额外的级别，以弥补出门那部分时间。你甚至可以来一次马拉松式的打扫以弥补一两周的假期（打扫房子是你的目标，而且在假期内你不会把屋子搞得一团糟，这样做很有效）。

如果是像阅读或写作这样的习惯，你当然也可以在旅行前多做一些。大多数时候，习惯被看作每天都要做的事情，这个认知似乎已变得根深蒂固。但由于其简单和灵活等特点，弹性习惯甚至在神经系统提供辅助之前就已经被完成了，所以你不必担心在度假时还要继续弹性习惯行为，只要在回家后继续就可以了。

另一个因素是记分系统。月底的时候我去旅行了 4 天，我不想在那些天里得零分，即使我可以得零分。所以在旅行前几天，我做完了额外的普通级别习惯，以弥补假期损失的时间。

通过这种方式，我可以在 15 天和一个月之中保持不错的成绩，并获得满足感，而且，我不必在假期里做任何事。

一天之内的观点和策略

如果你选择了弹性习惯的日常提示，这里有一些方法可以帮助你养成习惯。最有可能的情况是，你会和我一样组合使用这些方法，其中一些想法是很有帮助的。

突袭： 快速完成所有弹性习惯的普通级别，这样可以消除你的忧虑和压力。然后，考虑在当天某个时候将其中一个或所有习惯提升到下一个级别。这里需要警惕的是自满，因为你可能会受到诱惑，想"完成这个级别"并继续前进。最好是单独考虑每个习惯，你可能更喜欢这种方式。通常当我知道某一天会超级忙碌，无法想到合适的时间窗口来完成我的弹性习惯时，我就会早早地完成习惯。如果还有时间和精力的话，晚些时候我会再考虑是否继续完成下一个级别。

情境驱动： 寻找机会将你的习惯融入你的日常生活中。你可以在任何地方用手机阅读，你可以在任何地方做俯卧撑，你也可以在任何地方冥想。有些习惯只能在家里用特殊的设备来完成，但其他很多习惯在旅行期间也能完成！最好知道哪些习惯可以随时实现，哪些习惯需要特定的环境来完成。

一次做一件事： 有些人喜欢按顺序做事，我就是其中之一。我喜欢专注于一个习惯，直到我完成了我想要的。从这个角度看，你可以完成一个弹性习惯的任何级别，然后再专注于下一个。我倾向于优先考虑写作和锻炼，然后在晚上阅读。

制订计划： 即使你选择了灵活的日常提示，你仍然可以选择特定的时间来养成你的习惯。

结合： 实际上，我每天都会结合使用这些策略来完成我的弹性习惯，你也可以这样做。

如何选择强度

你可以在任何一天以任何强度完成任何一个习惯。也就是说，通过这样的方式来使你的期望切合实际是很有帮助的。如果你不知道该选择什么强度，请遵循以下指导原则。

在以下三个方面给自己打分：

· 精力：1～10。

· 空闲时间：1～10。

· 完成习惯的愿望 / 动力：1～10。

这三项都评好分之后，把分数加起来。如果你得到了 20 分以上，就去完成优秀级别；如果你得到了 14～20 分，就去完成略好级别；低于 14 分的话，就选择普通级别吧。

掷骰子随机决定

有时候用骰子来决定你的命运会很有趣。你只需要让骰子转动起来。在掷骰子之前，要清楚你掷出的结果代表哪些习惯。或者，如果你愿意的话，可以掷三次骰子，然后把这三种结果"分配"给每个习惯。

· 1 或 2：普通级别。

· 3 或 4：略好级别。

· 5 或 6：优秀级别。

请确保你会按照掷骰子的结果去做。你也可以创造一些有趣的变化，比如下面所列，掷出 1 或 6 时，就可以得到额外的奖励。

- · 1：普通级别 + 奖励（食物、电影、外出游玩等）。
- · 2：普通级别。
- · 3：略好级别。
- · 4：略好级别。
- · 5：优秀级别。
- · 6：优秀级别 + 奖励（食物、电影、外出游玩等）。

如果你打算将随机的结果融入你的日常习惯中，那么加入随机的奖励是个好主意。众所周知，由于结果存在着很大的随机性，人们往往会沉迷于赌博这种不太健康的事情，但在此处，我们可以利用随机性来为自己服务。

一般来说，要在一开始维持好习惯需要付出很多努力，因此认知才会如此重要。虽然在打了 2 个多小时的篮球后，我还要一如既往地努力工作，但我依然期待着打球，我认为这是一项充满乐趣的运动，而不是一项艰巨的任务。弹性习惯使习惯追求从一开始就充满乐趣，并且通过加入这样的认知，我们可以做得更好。

例外转化为规则：使用反向例外

我听过这样一个故事：在一个风雨交加的夜晚，一个人准备享用甜点，他看了看外面，说："今晚似乎很神秘，也很特别，那就吃花生酱芝士蛋糕吧。"听了这个故事，你有没有感到惊讶？还是说，人类会为吃芝士蛋糕找理由是一种默认的行为？

例外一直都存在。问题是，这些例外往往违背了我们的理想。

· 我再赌 100 美元。

· 今天是 2 月 8 日，我不吃水果，我要吃冰激凌。

（第二级例外）真好吃啊，为什么不再吃一勺呢？就一勺而已。

· 我今天不锻炼了，明天再继续。

· 我和朋友在一起，再喝一杯吧。

· 每天早上吃甜甜圈对健康有害，但只吃一次也没什么大不了的。

真正的例外不会有什么害处，我也不想让你因为吃了一个甜甜圈而充满罪恶感。但是例外很容易绕过我们的防御，可能会在我们潜意识需要某些东西时再次出现。如果是这样，就会产生问题。

当例外一再出现并成为常态时，问题就出现了。如果大部分时间你都能找到一个理由在晚餐后吃甜点，那这就不再是例外了——吃甜点已经成为一种隐藏的常态。

我不知道是否有吸烟者在第一次吸烟时就决定长期吸烟。我想抽一支烟，我从来没有抽过。这只是一个例外的开始，但最终会演变成一个上瘾的常态。

反向例外

在生活中，我们都体会过例外的力量，例外常常会带来负面影响。然而反向例外是一个极好的工具，可以帮助我们做出积极的选择！之所以这样说，是因为它与我们通常使用例外的方式正好相反。

下面是一些如何使用反向例外的示例：

· 我很累，通常来讲不会做任何运动了，但就这一次，为什么不做几个深蹲呢？完成了。现在，我要在原地跑 30 秒。太简单了！

· 那个蛋糕看起来不错，但这次我只吃一些美味的水果，可以以后再吃蛋糕。

· 电视就在那儿，我想放松一下，但我还是先洗碗吧，很快的，只需要一分钟。

· 我现在真想把他的脑袋揪下来，但这次我要饶了他的命，还是做几次深呼吸吧。

"就这一次"

在上面的例子中，你会注意到这个说法经常出现，而这并不是巧合。词语具有影响力强大的隐含意义，而"只"这个词有一种非常随意且不具有威胁性的感觉。因此，销售人员经常使用这个词：只有今天；只需999.99 美元！

"嗯，只要 1000 美元？也许并不贵。"

在创建反向例外时，可以使用"就这一次"之类的自我对话。若是说"只做一次有益健康的事是有好处的"似乎违背了直觉，但我们都看过例外一次又一次地变成常态，健康的行为与此没有区别。因此，要尽可能多地创造有益的反向例外，你可能会看到这些例外变成一种改变生活的常态。

例外对于生活是如此重要，因为我们总是在创造例外。我们经常在不同的选择之间左右为难，而例外往往就是引爆点。如果你能养成习惯，将健康的行为列为反向例外，你就会惊讶于它对你的生活产生的积极影响。人们总是认为例外会使坏习惯加剧，但它们也能帮助你养成更好的习惯。

克服任何时候的阻力

如果你曾经拒绝采取行动，那就来试试这个简便又快速的过程，效果很不错。

1. 确认你想完成的一个行动。

很多时候，我们面临行动的阻力，是因为我们没有将焦点缩小到一个可行动的水平。我们知道自己不能同时做很多事情，所以当我们想去做一件我们应该做的事情时，只要有其他的选择存在，我们都很难去行动。

为了采取行动，必须首先停止深思熟虑。做决定时，我们会先考虑一番（权衡我们的选项），然后再采取行动。但在事情做成之前，我们必须停止权衡。

问问你自己："我还在权衡各个选项吗？我已经选择了其中一个吗？"除非你能用你想采取的行动来坚定地回答这个问题，否则你就无法成功。如果一个行为对你有利，那就去做。"试图在完美的时间，以完美的方式做出完美的行动"是行动的敌人，而行动是实现进步和成功的基础。

2. 缩小你选择的行动，使之成为一个简单的机械动作。

前进总是正确的答案，而前进的最简单方法是关注技巧，而非概念。假设你选择了散步，但你感受到了阻力。在这种情况下，阻力来自你的思想施加在整个散步过程中的包袱。你可能觉得自己需要走一定的路程才能让这个行为变得有价值，你也可能会因为过去没有走足够多的路而感到羞愧不已。或者你可能只是累了。

阻力的来源有很多，但无论具体来源是什么，减少阻力的办法就是缩小你的行动。这就需要把你的注意力从某个行动较为沉重的思想上转移到完成这个行动的简单技巧上。例如，为了走路，你要把左脚放在右脚前面，然后把右脚放在左脚前面。我知道，这句话读起来很气人，而且似乎带有某种优越感，但这就是它如此重要的原因。想想我们一生都在做的事情的技巧，实在是非常可笑，因为这些事太简单了。当我们遇到阻力时，"把事情变得简单"就是一条前进的道路。

人类的思维是非常强大的，而对行动的抵制就是一个适得其反的例子。

我们会（过度地）分析每件事，让自己绊倒在心理层面，却忘记了散步、写下想法、打电话、吸尘或力量训练这些简单的行为。如果这不是一个过度思考的问题，那就是一个已经存在的习惯诱使我们保持不变的问题。解决方法是：如果你在这场心理斗争中失败了，那么先停止战斗，去做简化。关注简单的机制，它们总是有效的。

3. 一旦你开始做一件事，游戏就会改变。

开始是最困难的部分。一旦开始行动，你就获得了一整套新技巧。你可以设定普通目标。你可以挑战自己。你可以讨价还价（我现在这么努力，那以后我可以多玩一玩）。人们在行动前尝试使用的所有激励技巧和工具在行动时都会更有效。为什么呢？

展开行动就是考虑阶段结束的证明。即使是很小的一步，但只要你开始了，你就有可能做到更多。我发现自己总是在看那些我不喜欢的电视节目、广告和网络视频，只是因为我觉得我应该把它们看完。同样，我们可能都看过自己不喜欢的电影。

继续做你不喜欢的事情听起来很荒谬，但这是有道理的，因为继续当前的行为几乎总是阻力最小的。同样的概念也能帮助我们做一些我们不愿意做的有益的事情。选择一个行动，找出推动它的简单技巧，然后开始，你就会充满动力地朝着一个新的方向前进。

克服阻力回顾

1. 抗拒行动是首要的问题：问问自己，你选择的是不是你现在想要追求的目标？

2. 接下来的问题是化解复杂：你是否将动作简化为一个定义明确且易于操作的机械起点？

3. 最后是能否坚持的问题：从你迈出第一步起，你就在行动。一旦行动起来，你就会发现相比于行动之前，你的努力更容易转化为成功。如果你陷入僵局，那么可以重复这些步骤。你练习得越多，就会做得越好。

承诺的关键

承诺是一回事，能否实现承诺就是另一回事了——大约有一半人在结婚后会离婚。考虑到承诺的重要性及其较低的成功率，难怪承诺实现目标那么困难了。

你是否遇到过包裹被延迟送达，而承运人或寄件人曾经承诺会按时送达的情况？这表明承诺不是终点线，而是起跑线。当有人向你承诺时，你的第一反应并不是"太好了，成功了"，相反，你会本能地评估这个人（或公司）的可信度。信任是承诺的基础。

自信

如果你多年来都没能实现你的目标，你怎么能相信自己呢？想想看，要怎样才能使你重新相信那些失信于你的人。要重拾对任何人的信任，包括对自己的信任，你需要"发生改变"的真实证据。

信任一旦受损，就需要用成功来解决问题。当然，一次成功是不够的，你需要多次重复该模式，以消除你记忆中的失败。多次成功可以建立自信和新的习惯。

这就是问题的症结所在。你需要自信来坚持下去，但真正的自信只能通过履行承诺来获得，来创造一个封闭的循环。这就是为什么普通级别的行动仍然是行为改变策略的理想基础。这些都是很容易坚持的行动，可以帮助你建立自信，防止你失去自信。

违背承诺会使信任缺失，而信任是通过履行承诺获得的。无论承诺是

大是小，都是如此。增强信任的关键是你如何始终如一地履行承诺，而不在于承诺有多大。

这不是什么新鲜事，而是一种古老智慧的体现。《路加福音》第 16 章第 10 节中这样写道："人在最小的事上忠心，在大事上也忠心。"

承诺向来都是一种风险与回报并存的行为。如果你失败了，你会失去自信（风险）；如果你成功了，你会获得自信（回报）。但这并不是 1∶1 的关系，因为一次失信对信任的破坏要远远大于一次成功对信任的重建。这在感情关系中很常见，我们知道，即使是一次背叛也会毁掉一段建立在几十年忠诚基础上的感情。这很自然地表明，如果有选择的话，小而容易的承诺是更好的选择，事实上，这就是微习惯产生的思路。但微习惯策略的不足之处是太保守了。

问题不在于我们致力于更大的目标，而是当环境发生变化时，我们要被迫保持同样的承诺。在完成更大的承诺之时，我们确实会体会到更强的成就感、满足感和自信心。因此，当你知道自己能够并且将会完成一项很大的承诺时，接受目标的变化则是明智的选择。

使用弹性习惯策略后，你可能会天下无敌，也可能不会，但你的自信心一定每天都会提高。从普通级别到优秀级别，你的连胜将包括各种各样的胜利。在那些更大的承诺中获得胜利将会加速提升你的自信感。

这个系统的妙处就在于，你不必承诺某一特定的成就，但当你完成它时，你仍然会觉得你做到了（并且获得了自信）；你只需要承诺每天做一些事。根据当天的情况做出当天的承诺，要比几个月前做出的那些陈旧的承诺更有新鲜感，更容易完成。

弹性习惯的 3 个阶段

弹性习惯一般有 3 个阶段，但也不要把这些时间框架当作法则，因为时间是因人而异的。如果一个策略建议你做某件事 X 天，那通常意味着这件事太无聊或者太难，不容易坚持更久，或者可能没有足够的奖励让你每天都做并且坚持很长一段时间。而弹性习惯可以让你坚持一辈子，因为它们很有趣，会令人兴奋，而且有很大的回报。

之所以告诉你弹性习惯有 3 个阶段，是为了让你能记住它们。有一天你可能会意识到，自己已经进入了一个追求习惯和成就的更高级阶段。这就是弹性习惯的健康进程该有的样子。

第一阶段：建立基础（1 ~ 2 个月）

养成任何习惯的首要目标都是坚持。你每天都需要展现自己的能力。普通级别的目标实际上保证了你完成的能力，而略好和优秀级别会给你带来乐趣和短期提升。

我发现大目标对于保持专注和兴趣至关重要，小目标有助于我坚持下去，但无法让我感到兴奋。与单独使用微习惯的经历不同，在我的旅程中，弹性习惯让我兴奋了好几个月。这就是多样化和延伸目标的好处。

当你第一次开始实践弹性习惯时，从普通到优秀级别，你可能会得到各种不同的结果。每种结果的确切数字并不重要，重要的是这证明你做到了每天都会完成某个习惯。首先，要保证你可以坚持。除非必要，否则不要调整你的行为，也不要急于升级。一旦你向自己证明了每天都能完成某个习惯，你就可以开始着眼于第二阶段了。

第二阶段：稳定和改进（2 ~ 6 个月）

进入构建弹性习惯的第二阶段时，你将开始注意到自己的行为模式。你可能会注意到，就你的习惯而言，周日比周二更糟糕。你可能会注意到，在赢得普通级别的胜利后，你会在短时间内获得优秀级别的胜利。你还可能会注意到，一种习惯比其他习惯更弱或更强。

大约 2 个月后，你将能证明自己每天都能完成某个习惯。你将获得增强的稳定性，因为你的神经通路将在某种程度上发生改变，从而使你建立一个良好的自信基础。在这一点上，你可以在适当的时候对你的目标做出更多战略性的改变。调整你的策略以适应你的生活方式或鼓励特定的行为。

在这个阶段，随着不断做出改进，你将不再担心自己是否每天都能坚持，并且相信自己不仅可以坚持，还能做得很好。不要为"什么时候达到这个水平"设定时间限制，当你来到这里时要心存感激，因为这里会更有趣！

第三阶段：精通（6 ~ 12 个月及 12 个月以上）

如果能坚持半年到一年，你就能达到精通的转折点。即使尚未达到精通水平，你也已经走上了直接通向它的阶梯。在这里，如果你愿意或者有必要的话，可以开始将你的目标转变为掌握一个或多个弹性习惯的新目标。这可能需要创造更有挑战性的普通、略好和优秀级别的目标，或者尝试获得更多当前目标的优秀级别胜利。

许多人尝试一开始就走进这个阶段，但很少有人成功。所以别急着到达这一阶段，当你到达的时候，一切都会很明显。

如果你达到了精通阶段，你应该会规律性地获得优秀级别的胜利（大约50% ~ 75% 的时间，取决于习惯的性质）。现在，你可以缩小你的焦点，将你的要求变得更加严格（如果你想更专注，可以减少横向选项），再多给自己一点压力。但这里有几点提醒。

当你接近精通阶段，就要留意普通级别的目标了。作为你的安全网，这个级别的目标对你来说一定非常容易。如果你觉得你已经开始掌握一种行为，你可能会忍不住提高普通级别的要求。这就错了，因为即使是在高级阶段，普通级别目标的存在也不是为了推动你，那是优秀或略好级别的意义所在。

假设你的普通级别从每天阅读 2 页书开始。几个月后，你发现自己以平均每天阅读 60 页的速度每周读完 2 本书，那么你显然已经超越普通级别了。在这种情况下，你可以将普通级别的要求提高到 5 页，但不要设置为 30 页。如果发生意想不到的事，你在一天中的结果可能是零，那就纯属自找麻烦。普通级别是一张安全网、一个火花，不要让它成为一个挑战。

随着我的锻炼习惯进入精通阶段，持续获得大胜利，我提升了普通级别的要求。早在 2013 年，我就养成了每天做 1 个俯卧撑的微习惯，如果每天做 2 个，我可能就会失败。当我开始了锻炼的弹性习惯时，我将 3 个俯卧撑或引体向上设置为普通级别的要求。而就在写这本书的时候，我的普通级别要求是 10 个俯卧撑或引体向上——这对我来说完全没问题，即使是在不太顺利的时候。

提高普通级别要求的原因是：俯卧撑和引体向上对我来说变得如此容易，现在做 10 个就像 2013 年做 1 个一样。如果我因为这个数字是 10 而不是 3 或 1 而错过了哪怕一天，我都会降低普通级别的目标。只有在基本熟练程度提高之后才可以提高对自己的要求，不要强迫自己。

弹性习惯的被动和主动

有些人可能会看着弹性习惯系统或我那可怜的滑雪故事说："这只会助长软弱。如果你总是根据生活中的环境调整你的目标，你永远不会变强。你必须克服障碍才能成功。"然而，这种观点忽略了弹性习惯的全部意义。我知道这种想法从何而来。

反应性是指对环境刺激的反应。如果你做出被动反应，就表示你一直是被动的，要等某件事来给你一个理由，你才会做出回应。

主动是指你在没有外部刺激的情况下去做某件事，这意味着你就是周围环境中的刺激源。

很明显，积极主动通常优于被动，因为它能让我们自主控制生活的方向。不过每个人都有时间，对你所处的环境做出被动反应并没有什么错。事实上，如果一辆车即将撞上你，你需要做出适当的反应来挽救你的生命。只有当被动反应成为你生活的主要驱动力时，这才是一个问题。

大多数目标不允许任何被动反应存在，往往只会看到积极面，并坚定地"只采取积极行为"，它们会建议你忽略所有的环境。这在一方面是令人钦佩的，但在另一方面却极其愚蠢。考虑前面章节中的汽车例子，它对于能够做出反应非常有用。另一个很好的例子在体育运动中，伟大的运动员在球场上积极地发挥着他们的意志，但他们也会对比赛事件做出被动反应。

为了每天发挥你的潜力，你需要既被动又主动。弹性习惯系统为你提供了使用这两个概念的完美方法。你的习惯可以上下左右地伸缩，这意味着你可以驾驭生活中的挑战，积极主动地在每一种情况下拼尽全力。这个系统不会阻止任何人使出全力，会比其他系统更好地支持你，帮助你做到最好，而且当最好水平低于一个任意的临界值时，也不会惩罚你。获得支持并不软弱，这是伟大的真正先决条件。看看那些做了伟大的事或者获得伟大荣誉的人，他们几乎总是说自己得到了很多支持才获得了成功。

弹性习惯的本质

弹性习惯策略是建立在灵活性之上的。虽然我已经分享了这个框架，你可以对它进行修改，但这并不意味着你不能进一步创新。也许你会想出一个更好的方法来利用假期，也许你会想出一个绝妙的提醒系统。

尽管有多种可能性存在，但你可以看到这个系统的本质和目的是防止失败。我所说的失败并不是指休息一天或跳过一天——我们有办法解决这些问题！我说的失败是指长期的失败，也就是你在一段时间内放弃了你的目标和习惯。这就是人们原地踏步的原因。

那些每天都能向前迈进的人，不管是爬几厘米还是跃上新的高度，都能改变他们的生活。弹性习惯系统可以让你成为这样的人。

结束语

当正确的观点遇到正确的策略时，
就会产生很棒的结果。
本章重点讨论如何正确地思考和处理弹性习惯。

第12章
总结

> 要知道，坚硬的树木容易断裂，草竹随风弯曲，却能保全自己。
>
> ——李小龙

在开始写这本书的时候，我为习惯打下了基础，这些习惯可以天衣无缝地改变我自己，以适应充满变化的生活。前面我们谈到了实现这一点的诸多细节。现在，让我们来从鸟瞰的角度进行回顾。

最终的力量和成功是通过自由和灵活性来实现的。人们常常通过预先设定的严格标准来"奴役"自己，而这些标准却无法适应动态的生活，甚至导致严重的挫败感、紧张感和拖延症。最终，为了重获自由，我们放弃了。通过给自己更多的自由和灵活性，每天以正确的方式行动，我们可以为任何行为建立非常强大和稳定的基础。

通过将我们的灵活性限制在 3 个习惯及其 3 个应用和 3 个纵向的成功级别上，决策疲劳和选择瘫痪等问题就得到了缓解。与此同时，我们给予自己自由，去做每一天的指挥官，而不是听从一个看不到我们生活战场的人或程序所设定的严格命令。有了大量可供选择的武器和 9 倍于以前的获胜条件，我们将赢得更多的机会，因为我们终于拥有了使自己在任何生活环境中都能成功的工具。

无论是短期还是长期，多样化的选择和多种有利条件都将使我们充满兴趣。每一天都拥有一个新的机会来设定全新的个人最佳状态，或者，如果想要或需要的话，你也可以好好休息一天。你不会因为普通级别的胜利而受到惩罚，只会因为自己的坚持而得到奖励。你也可以选择完成略好和优秀级别的胜利，以获得更大的奖励和满意度。

随着时间的推移，你取得了进步并可以调整目标。根据具体目标，你可以保持你的进步感，以 15 天为一个周期，不断地小幅度地提升自己；也可以先熟练掌握当前的级别再提高目标，你还可以选择这两者之间的做法。一切都由你决定！

最重要的事情是追踪你每天完成的每个习惯，并选择一种方法来标记你达到的级别。我推荐彩色编码贴纸，这是为官方的习惯追踪器专门设计的。你还可以使用符号进程方法来表示升级（以防自己在早上标记了一个普通级别的胜利，然后在当天晚些时候实现了略好级别的胜利）。最好不要使用分数进行标记，它们会使普通级别看起来很低级。当某一个普通级别的胜利是你能够或者愿意实现的唯一胜利时，它就是最大的胜利。因此，暗示普通级别的胜利很低级并不是一个好主意，因为有时候，它实际上是最好的。每个级别都会在你的习惯培养旅程和生活中占有一席之地，充分利用各个级别的目标和胜利，你将学会欣赏并爱上它们！

记分是官方习惯追踪器的一个有趣的（可任意选择）附加功能。它可以让你确切地看到你的每个习惯在每个 15 天周期和每个月内做得如何。你可以比较得到的分数，看看自己是在进步、保持，还是在退步。普通、略好和优秀级别的胜利分别为 1 分、2 分和 3 分。虽然我提醒你不要使用分数进行追踪，但是可以使用这些数值进行记分，在周期完成后进行分析。还有各种各样的方式来对你的持续坚持、取得大胜，以及每个习惯或每个时期完成的优秀级别进行奖励。

通过将所有这些特性融入一个容易维护的系统中，你可以在多个级别上持续获胜，并且能够长期保持。

问答

在同时拥有几个横向选项的情况下，应该选择哪种适当的行为？

每一天的独特组成往往会引导你做出最好的选择，但你也可以为每个弹性习惯设置一两个首选项。试着在你的习惯海报（或任何你记录习惯的地方）上粗略地按喜好列出它们。

我最喜欢的运动是在健身房举重或打篮球。此外，我会在休息日或特别繁忙的日子里散步、跑步，做俯卧撑或引体向上。举重和打篮球最符合我的锻炼目标，其他的选项不太符合，所以我把它们列为第二级选项。

我做过很多次二级选择。例如，我曾经因为打篮球而患上了"跳投膝"，我一跳膝盖就会疼，但我仍然可以走路甚至跑步。还有些时候，我的肩膀会给我带来麻烦，让我很难练习举重，所以我会做俯卧撑或引体向上等轻量级的体能训练。不要忘记弹性习惯的灵活性：即使在我健康状况良好、处于休息日的时候，我也不必去健身房。正是得益于这种自由，我才会常常主动选择去健身房。

你有选择获得轻松胜利的自由，所以可能会担心自己做得不够。但你会发现，通过追踪自己的行为，你会更诚实地面对自己的偷懒。在任何其他系统中，懒怠都会带来耻辱，但在弹性习惯系统中，你可以自我纠正，而不用背负那些不必要的包袱。

这需要一些时间来适应。我们很多人都习惯于被自己、他人或者定下的目标强迫，去做一些与我们的处境不符的事情。即使我们有能力达到一定的水平，这也会让我们感到自己是被迫的。在拥有自由和个人力量的情况下采取行动，则是一种完全不同的体验。你可能会有一个没那么亮眼的开始或连胜，因为你早已习惯于依赖外界的压力。然而一旦你学会如何利用你的自由，你的力量就会显现，你的天花板也将变得越来越高。

拥有自由的最大优点是绝对的可持续性。如果你是百分之百自由的，就不会有放弃的风险。我们放弃一些东西的原因往往是，想从它们对我们生活的控制中重获自由。这就是为什么人们可以在被迫的情况下做好事，而伟大的事情却是通过个人自由和自主权来实现的。

错过了一天怎么办？

即使作为弹性习惯系统的创建者和最忠实的粉丝，我还是在某一天晚上忘记了看书。就像我在《微习惯》中所说，错过一天不是问题，但连续错过两天就不一样了。有一项研究表明，错过一天对习惯的形成没有负面影响。但是，只要情况允许，不要连续错过两天，因为这会让我们在错误的方向上形成新的趋势。我试着在任何一天都不放过任何一个习惯，因为每天胜利的势头具有很大的影响力，值得为之奋斗。

如果某一天你错过了一个习惯——很有可能你只是忘记了，但这也是一个危险信号，可能意味着有些地方出了问题。首先要检查你的普通级别目标。它足够小（简单）吗？问问你自己，为什么没有获得普通级别的胜利。如果你的普通级别目标太大了，那就把它缩小到让你不可能失败的程度。如果只是简单的遗忘（就像我那天忘了看书），那就修补一下，然后继续你的旅程。

官方的弹性习惯追踪器的记分卡上，有一种我称之为"补丁"的东西，可以用来弥补错过的习惯，我忘记看书时用的就是这个，这样就好像我从来没有错过一样。对于"遗忘"这种无心之过，有一个心理恢复工具是很重要的。毕竟，没有人是完美的。弹性习惯系统让我们在犯了错的情况下也能取得进步。如果你在某一天打了补丁，你就不会看到空白处并因此感到难过了。（详见书后的弹性习惯产品说明部分。）

为什么不能同时拥有 8 个弹性习惯？

弹性习惯在横向和纵向上延伸，在对你而言很重要的领域给你自由和力量。但弹性习惯并不是同时做 8000 件事的方法。在下一节中，我将告诉你一种可选择的弹性系统，如果你感兴趣的话，可以通过这个系统同时执行多个行为。这并非为了培养习惯，而是追求更多行为的一种有趣方式。

如果真的想养成习惯，那么你选择的习惯不要超过 3 个。相比之下，大多数其他习惯策略要求每次只养成一个习惯。根据我的经验，你可以同时在 3 个领域取得重大进展。生活中 3 个方面的改变足以显著地改善你的生活！

什么时候可以在习惯追踪器上做出标记？

有以下 4 种情况：

1. 完成一个习惯后立即标记。
2. 完成所有习惯后标记（并且可以一次标记全部）。
3. 睡觉之前标记。
4. 第二天早上起床时标记。

我通常会在白天标记我完成的一两个习惯，然后在睡觉前检查一遍。理想情况下，我们不会等到第二天早上才标记前一天完成的习惯，但有很多次我都是这样做的，而且效果很好。我的海报就贴在我的卧室门外，我可以在去厨房的路上做标记。

只有在一种情况下，我才会标记一个没有完成的行为。当我要躺下，并打算在睡着之前看看书时，我可能会在插槽里放一个普通级别（绿色）的贴纸。如果我最终阅读了比普通级别目标更多的内容，并进入了略好级别，我就会在第二天早晨再做升级标记。但一般来说，最好不要在完成一项习惯之前就做标记，除非你打算在标记后立即行动。

每天早上醒来后，看看你的弹性习惯。你不必在早上决定所有的事情，但是你应该大致知道自己今天要选择什么样的行为，以及每个行为要达到什么样的水平。如果你每天早上都这样做，那么同时你也可以检查一下，确保自己已经标记了前一天完成的所有习惯。

备选策略：弹性行为

如果你有很多想追求的行为，而且不要求在其中任何一种行为上形成铁一般牢固的习惯，那么你还有另一种选择。

弹性行为

弹性行为与弹性习惯在设置上是一样的，也有横向和纵向的灵活性，它们的区别在于承诺和养成习惯的关系。弹性习惯需要每天的承诺来养成习惯，并巩固一种行为在你生活中的角色。但是弹性行为根本不需要你这样做。相反，你可以在任意一天的任意时间，任意程度做这些事情。你也可以跳过任何行为，甚至可以跳过一整天。

弹性行为计划的好处是绝对的自由和更多的行为选择，缺点是会使你错过了习惯的养成（这是一个大问题！）。然而，并不是所有的行为都适合养成习惯。例如，你可能不想或者不需要每天都打理你的花园。

弹性行为的目的是提高你对感兴趣的行为的意识，并奖励你这样做。你仍然可以使用弹性习惯追踪器中的记分系统，它会激励你去完成更多的行为，达到更高的级别。看看你能不能突破你的最高分！

如果你现在真的想追求6种行为，而不愿像弹性习惯策略建议的那样将它们缩小到3种，那就从弹性行为策略开始吧。官方的弹性习惯追踪器可以容纳6种选择。通过追踪，你会看到哪些行为是你最希望在日常生活中养成习惯的，然后你可以把最喜欢的3种行为转换成弹性习惯。

第四个月的顿悟

在反复修改习惯海报和习惯追踪器之后，我终于找到了正确的方法。2019 年年初，我故意让自己消沉，以验证几年前就已经产生的这个想法。但当我意识到习惯追踪器中的细微差别对我的动力和表现产生了深远影响时，我知道自己需要改进了。2019 年 5 月 9 日，我开始使用经过优化的更完善的工具来追踪弹性习惯。从那以后，我一天也没有错过自己的习惯。

习惯追踪器的第四版胜出！它的效果甚至比我预期的还要好。

每天都能赢得胜利让我感到很自由，很有动力，很兴奋，而且我在很多天里都赢得了"大胜"。2019 年 8 月 10 日是特别的一天，那是我第一次获得 100% 优秀级别胜利的日子。3 个习惯，3 个优秀级别的胜利，真是完美的一天！

那天一大早，我就在健身房拼命锻炼，然后我花了 5 个小时来写作和编辑。这些都属于优秀级别的胜利。在那之后，我读了 50 页大卫·戈金斯的《我，刀枪不入》。这是我当天第三次，也是最后一次获得优秀级别的胜利。我走到习惯追踪器前，拿起金色贴纸，把它们都贴在 8 月 10 日下面。

我用拳头猛捶胸膛以示胜利，然后我意识到一些不同寻常的事情。巧合的是，这刚好是我使用新工具进行追踪的第四个月的第一天，这一刻，我比以往任何时候都更加兴奋。因为这是具有开创性的！在其他任何目标或习惯系统中，动力往往不应该在做某件事的几个月后达到顶峰，而是在最开始达到峰值，然后可以预见地随着时间的推移逐渐减弱，趋于常态。当神经通路形成新的习惯时，动力当然不会增加，但我的动力却提升了。

神经学家们要注意了。通过将富于变化的结果整合到习惯养成过程中，当一种行为开始从有意识的选择过渡到潜意识模式时，我们或许能够减轻可怕的动力消沉。我相信我们可以建立一种潜意识的行为模式（每天"出现"），同时允许在模式（横向和纵向的灵活性）中做出可变的选择，以保持有意识的思维投入。这和赌博没有什么不同，都需要一直做一种行为，但其中有很大的变数。弹性习惯与其他的习惯策略形成了鲜明的对比——普通的习惯策略依靠的是同样的行为，每次都会产生同样的结果。

弹性习惯系统不同于我以前尝试过的任何习惯养成系统，因为它是动态而多变的，不会使我的动力在两周后消失。当然，我的动力仍会随着正常的生活环境起伏不定，但现在已经达到了一个更高的水平。每当动力下降的时候，我就用普通级别来让自己保持专注，并让神经通路活跃起来。

当我开始像金刚一样捶胸的时候，我意识到这是多么特别。拥有弹性习惯的每一天，都像尝试任何其他目标或习惯策略的第一天那样，令人兴奋和充满希望。我们生活中的每一天都是不同的，最终我们有了动态的策略来与之匹配。弹性习惯就像生活中的每一天一样新鲜且充满潜力。

我可以很容易地用 3 个级别的纵向成功来衡量和追踪我的表现，所以我确切地知道这一天有多重要。自从我开始实践弹性习惯，这是我感觉最好的一天。我不需要连续几个月使用同一个乏味的选择目录，只需要在我的追踪器上贴上 3 张金色（代表优秀级别）贴纸。虽然这些贴纸只不过是彩色的纸，但它们会令人兴奋，它们能够证明我做到了。我甚至还因此获得了分数奖励（恰如其分地称之为"完美的一天"）。我可以跟你打赌，我还会重温那些标记，也许还会在记录上增加一些完美的日子。

令人兴奋的可能性就在前方

塞缪尔·约翰逊曾说："习惯的枷锁，开始时总是小得不能觉察，而当觉察到时却已牢不可破。"如果你想成为更伟大的人，就必须行动起来——不是一次，而是要经常这么做。有了时间和坚持，你的新习惯将变得牢不可破。正因如此，习惯的形成才是最令人兴奋和最有意义的追求之一。

我相信弹性习惯策略可以帮助你在追求更好的生活方式时保持兴趣、

坚持和自由。在《微习惯》一书中，我谈到了每一小步行动都可以通过坚持来改变你的生活。而弹性习惯会让我们的习惯变得更智能，随着不同的需要缩小或扩大。我们可以保留微习惯的所有好处，同时获得更大目标带来的兴奋。最终的结果是，你可以用最平稳、最令人满意的方式，去改变你的生活。

　　我认为读者对作者最好的赞美就是告诉他们"我读了你的书"，所以我真诚地感谢你花时间阅读《弹性习惯》。我希望这个策略能像改善我的生活一样，深刻地改善你的生活。告别过去那些僵硬、脆弱的目标，让你的习惯具有弹性吧！

　　如果你对我为弹性习惯系统定制的产品感兴趣，请继续阅读，看看它们是如何工作的。即使你没有购买，阅读它们的相关信息、看看它们的设计，也会帮助你更好地理解这种策略是如何运作的。

弹性习惯产品说明

> 只要你到场，就拥有了百分之八十的成功。
>
> ——伍迪·艾伦

我花了一万多美元，多次进行重新设计，以完善我将要与你们分享的工具。如果你想继续使用目前使用的与标准日历差不多的工具，我也会提供我对 DIY 解决方案的最好建议。如果你使用了 DIY 解决方案而不是官方工具，请注意它们需要更多的维护，毕竟非官方工具不是为弹性习惯策略专门设计的。

我们的产品展示了弹性习惯的策略和战术。你将从中看到强大的灵活性和令人兴奋的各种可能性，而且每天只需几秒钟来利用这些工具维护弹性习惯。相比之下，很多习惯日记都需要我们花 20 分钟来回答一些老套的问题，以"帮助"我们完成 20 分钟的工作。虽然弹性习惯涉及许多选项和定制工具，但是每天只需花费不到 20 秒，就能维护这个系统。

这种独特的、有影响力的习惯策略需要一个追踪系统来适应它。而这种系统并不存在，于是我设计了一个。弹性习惯追踪日历是为本书中的策略定制的，我们首先就来看看这个产品。

弹性习惯追踪日历

特征

令人惊叹的图片
会带给你鼓舞

我走得很慢，
但是我从不后退。
——亚伯拉罕·林肯

每月**两句**
鼓舞人心
的名言

第 27 页
的逐月比
较**记分卡**

12 个月
的弹性习
惯追踪

做笔记的区域
—— 故事、策略、
想法和计划

主题框让每个月
的成绩显而易见

追踪是养成习惯的最重要部分，能够鼓励我们坚持下去。你的追踪系统若是不完善或者你没有使用它，你就会失去持续成功的机会。追踪习惯是你的责任，可以为你带来鼓舞和动力。

弹性习惯追踪日历可以供你在一整年的时间里追踪 3 个习惯。在某些方面，它要胜过其他习惯追踪器。

1. 成功有 3 个不同的级别，需要的时候，也可以在习惯形成的过程中增加一些急需的变化。你可以用不同颜色的标签或符号在追踪日历上标记，而不是每天使用相同的检查标记或"×"符号。如果你使用贴纸来标记，那么可以用绿色代表普通级别、银色代表略好级别、金色代表优秀级别，每个月可以变换贴纸的颜色。

我将重申养成弹性习惯的第六步中关于追踪的内容。

官方的弹性习惯追踪器是为两种不同尺寸的彩色圆形贴纸设计的。完成一个习惯后，使用与该习惯级别相对应的彩色贴纸（绿色代表普通，银色代表略好，金色代表优秀）来标记。这些贴纸的大小和形状都是一样的，这表明它们在很多方面都是平等的"胜利"。你还可以使用图中所示的递进符号。

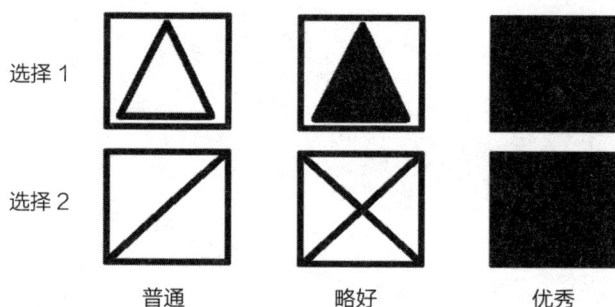

选择 1	△	▲	■
选择 2	◺	⊠	■
	普通	略好	优秀

如果你已经用马克笔将普通级别的方框标记成绿色，但当天晚些时候，你意外得到了优秀级别的胜利，而那个方框已经涂成了绿色，无法轻易改变。

如果使用贴纸，你可以把金色贴纸覆盖在绿色贴纸上来代替它。同样，上述符号允许你在需要时在当前胜利的基础上添加更多胜利。你使用的符号一定要允许重复升级，这是很重要的，因为它会给你的胜利带来意外升级的机会。我向你保证，这样做既可以鼓舞人心，也会令人愉悦。

如果使用的是标准日历，你可以在每日方框的旁边、上方或下方按照你的弹性习惯使用贴纸或符号做标记。这样标记不会像正式的习惯追踪器那样专业，也没有记分组件，但它的优点是可以直接融入你当前使用的日历中。

每天只需 20 秒，在你的 3 个习惯追踪方框里贴上贴纸或画上符号。这是弹性习惯系统唯一需要的"日常维护"！

你的第一目标是填补追踪日历上的空缺，第二目标是达到更高的水平。弹性习惯的力量就在于它的灵活性。如果你太专注于实现大的目标而不愿接受任何小一点的目标，你就会错失灵活性的力量。"要么成功要么失败"的思维阻碍了人们的进步！如果你的标记方法是有智慧的，就不会让其中一个级别看起来明显低于另一个级别，这将有助于你坚持下去，同时你也会因为取得了更大的胜利而奖励自己。

2. 弹性习惯追踪日历每月会有全新的设计和两句鼓舞人心的名言。如果你在一本常规的日历上追踪习惯，它的外观和标记方式看起来总是一样的，官方的弹性习惯追踪日历则不同。另外，你可以从任何一个月（不仅仅是一月份）开始追踪你的习惯。

3. 以 15 天为一个周期。当我制作出弹性习惯追踪日历的第一个版本时，它的一个页面上显示了一年中的 365 天。当我将其从打印机里拿出来的时候，我意识到自己犯了一个错误——那个版本看起来令人很压抑。设计习惯追踪器的目的是让大家看到自己取得了连胜，并因此感到满意。然而，最初的版本使我对填补那些空白的日子感到压力很大。在一片空荡荡的空格中，一天的成功会使你感觉自己无关紧要，很渺小。

经过进一步的实验，我发现以 15 天为一个周期是最理想的。15 天足够长，在完成追踪后足以让人感到满足，而 15 天又足够短，让人觉得是可行的，不会产生过大的压力。每一天，你都会感觉自己获得了重大的进步。

有了这个追踪日历，每隔 15 天，你就会有一个检查点来"锁定"你的成就，并为接下来的 15 天做准备。你可以把 15 天的分数加在一起，得到每月的分数，这样既可以进行每月追踪，又可以在每月之间做出比较。

4. 弹性习惯追踪日历有一个记分系统。常规的习惯追踪会标记"是"与"否"。而弹性习惯有 3 个成功的级别，因此我们将会获得不同的成功。这个记分系统会使你确切地知道自己每天、每周和每个月做得如何。接下来让我们看看这个简单的记分系统。

记分

记分卡在弹性习惯追踪日历的最后一页。

月份	习惯			分数奖励	总分	备注
	普通+（略好×2）+（优秀×3）	普通+（略好×2）+（优秀×3）	普通+（略好×2）+（优秀×3）			
1						
2						
3						
4						
5						
6						
7						
8						
9						
10						
11						
12						

通过记分卡，你可以看到每个习惯在每个月的进展、你自己在每个月的整体进展，以及习惯之间的比较。不同于其他习惯系统的记分模式，它能让你准确地看到自己在做什么和所获得的各种成功。

记分卡的工作原理如下：以 15 天为一个周期，计算每个习惯在每个级别的胜利次数，再计算这些胜利的分数（普通为 1 分，略好为 2 分，优秀为 3 分）。我分析了每个习惯的价值，发现这种分数设置在数学上最能准确匹配每次胜利的价值。弹性习惯的收益是微习惯的 3 倍，这一点很重要，但在绝对分数上，3 分并不比 1 分高多少。这是一个完美的平衡。

不过这还不是全部！为了增加一些乐趣，并帮助指导你的习惯，你还可以获得额外的奖励。

额外奖励

额外奖励用于鼓励和奖励你的超额成就。最重要的额外奖励是"习惯大师"奖励，可以给予最高分数的两倍！要得到这个额外奖励，你需要做的就是完成 15 天的习惯，避免在任何一天遗漏任何习惯。之所以称其为"习惯大师"，是因为只有不错过任何一天，才能彻底养成和掌握习惯。这种额外奖励应该鼓励你按照预期的方式使用弹性习惯系统，即在有特殊情况或者繁忙的日子里获得普通级别的胜利，而不是接受零结果，并在任何可能的时候获得高于普通级别的胜利。在此列出额外奖励清单（可以改变）。

特殊成就

· 翻倍（1 分）：一个习惯在一天内获得 2 次以上的优秀级别胜利。

· 完美的一天（2 分）：所有习惯在一天内获得优秀级别胜利。

· 连胜（3 分）：任意习惯获得 3 次以上的优秀级别胜利。

· 不可思议（5 分）：任意习惯获得 7 次以上的优秀级别胜利。

15 天额外奖励

· 专家（3 分）：此阶段内任意习惯获得 10 次以上的优秀级别胜利。

· 大击球手（3 分）：此阶段内各个习惯获得总数 15 次以上的优秀级别胜利。

· 世界主宰（10 分）：此阶段内各个习惯获得总数 23 次以上的优秀级别胜利。

· 习惯大师（20 分）：此阶段内没有任何遗漏（可以使用补丁）。

我建议你把习惯大师奖励作为额外奖励的目标，因为它会正确地把你的注意力放在每天"到场"上。如果你每天都能到场，并且以一定的能力完成习惯，好事就会发生，我可以向你保证。你可能会有几天获得看似不起眼的普通级别胜利，但只要你留在"游戏"中，以后就有机会获得巨大的胜利。

你只需要几分钟就能填好记分卡。记分卡为建立改变生活的习惯的过程增添了相当多的乐趣。但这不只是为了娱乐，标准化的记分系统会精确地量化你在每个习惯上的表现，以及在 15 天内甚至一个月内的表现。然后你可以分析你的进步并做出调整，看看是否可以突破自己的最好成绩。弹性习惯追踪日历上有很多地方可以写下备注，方便你把分数和你当时生活中的不同情况和策略联系起来。

评价你的表现

如果你决定加入记分，首先要考虑的始终都是自己能否坚持。你每天都在做一件事吗？你有没有在每个方格里贴上贴纸或用其他东西标记你完成了某事？如果是这样的话，你就已经成功了，可以为自己的努力感到骄傲了。在你养成习惯并实现更高级别胜利的过程中，记住这一点至关重要。坚持是弹性习惯策略成功的基础，一旦没有坚持下去，你就会失败。当遗漏的天数占大多数时，你就需要重新组织策略了。

第 31 天

一年中的 7 个月有 31 天，这些多出来的"第 31 天"在弹性习惯系统中是特别的。

弹性习惯的目标是自由、自主和灵活。由于这些原因，一个月的第 31 天就像是免费赠送的一样。通常每个月的追踪标准为 30 天（两个 15 天的周期），这样就可以做到月与月之间的精确比较，并为偶尔赠送的一天提供一些有趣的选择。

在某个月的第 31 天，你可以想做什么就做什么。这意味着你可以休息一整天，但还有其他一些诱人的选择可以考虑，详情如下。

第 31 天的选择

2 月增强： 2 月这个糟糕的月份很短，大多数时候只有 28 天。由于我们的分数以 15 天或 30 天为周期计算，2 月的分数不可能比其他拥有 30 天和 31 天的月份更多。如果你想提高 2 月的分数，让它成为最佳月份，你可以利用任何一个或所有的"第 31 天"的分数来实现这个目标！举例来说，如果你从 3 月开始，把所有"第 31 天"的分数都算在 2 月，你将会有额外 6 天的分数可以加到 2 月的总分上。这么一来，幸运的 2 月就有 34 天了——2 月从最弱的月份变成了最强的！

补偿日： 12 月 17 日发生了一件疯狂的事情。我知道。那天你错过了几个习惯。但你真走运，这个月有 31 天！你可以用第 31 天来弥补，就像这场错过从来没有发生一样。第 31 天可以代替任何错过的习惯或当月的某一天。

一切如常： 你可能会发现，即使有可以跳过一天的自由，你还是想保持你的连胜。能够满足于自己目前的成就，但无论如何都要继续督促自己，这种感觉是很特别的。除了增加 2 月的总分，你不会因为第 31 天做了这些事而得到表扬，这很好地证明了你理解这些有益行为的真正价值——不是为了分数，而是为了你自己。第 31 天仍然是平常的一天，所以严格来说，如果你想保持连胜，也要在这一天完成你的习惯。

如果你真的有一天没有完成习惯，并在社交媒体上宣称自己连胜 97 天，那也没关系。如果你跳过第 31 天，这严格来说是不正确的，但在弹性习惯的结构内，跳过第 31 天并不会使你的连胜无效！

自由日： 在连续 30 天获得胜利之后，你应该休息一下，不是吗？如果你想休息，可以在第 31 天休息一下。同样值得注意的是，偶尔错过一天不会威胁到习惯的养成，但连续两天或者频繁地错过会在错误的方向上形成新的趋势。在由成功的日子组成的汪洋大海中，错过的一天只是微不足道的失常。

连续 3 个月每天都完成习惯之后，我在第四个月使用了自由日。令我惊讶的是，这感觉很奇怪——我几乎不得不和自己斗争，强迫自己不要去完成习惯。7 个月后，我试着把"第 31 天"作为自由日，但多数情况下我还是完成了我的习惯，因为我几乎忘记了要跳过它们的计划。这就是习惯的力量！如果你休息一天，你就会有机会看到自己的习惯是多么强大。如果你发现自己渴望完成习惯，甚至像我一样不假思索地继续行动，那么你的大脑已经发生改变并养成了一种习惯！

我错过了一个习惯或一整天！现在要怎么办呢？

无论你在一天中错过了一个习惯还是错过了一整天，弹性习惯策略都为你提供了弥补的机会。生活是如此疯狂，哪怕是最简单的目标（普通级别），我们也会偶尔错过。尽管获得连胜是至关重要的，但偶尔失误一下也没关系，不要让它成为一种模式即可。

有一个很好的方法可以应对你的失误，那就是利用某个月的第 31 天来"打补丁"，就像前文中讨论的那样。如果这个月只有 30 天，那么你还有另一种选择。为了解决偶尔的错过，每隔 15 天你会得到一个"补丁"。这项功能不仅允许并鼓励你弥补失误，还可以"诱惑"你回到正轨。

如何打补丁

在弹性习惯追踪器的额外奖励部分写下"补丁"，你的补丁就会被激活。每个周期（15 天）内只允许打一次补丁，所以要小心！这个补丁允许你在今天完成前一天里错过的任何习惯。

如果你没有使用补丁，下面是你错过一个习惯的样子：

第 9 天：略好。

第 10 天：错过。

第 11 天：普通。

第 12 天：优秀。

第 13 天：略好。

你的连胜纪录在第 10 天出现了一个缺口，唉！但现在你可以"打补丁"。只有在当天满足了常规习惯的要求后，你才能对错过的习惯使用补丁。

以钢琴练习为例，普通级别目标是练习 1 分钟，略好级别是练习 15 分钟，优秀级别是练习 35 分钟。

在第 11 天，你坐在钢琴前练习了 1 分钟。现在你已经完成了第 11 天的练习目标。然后你想起"昨天忘记练习贝多芬的《月光奏鸣曲》了"！此刻你已经完成了第 11 天的习惯，所以可以对第 10 天使用补丁。你只需再多练习 15 分钟，就可以为第 10 天赢得略好级别的胜利。现在的结果看起来是这样的：

第 9 天：略好。

第 10 天：略好（补丁）。

第 11 天：普通（额外练习 15 分钟，使得第 10 天获得略好级别的胜利）。

第 12 天：优秀。

第 13 天：略好。

使用了补丁之后，缺口就不见了。

前面提到的最丰厚的额外奖励（"习惯大师"奖励）是 20 分。你只有在 15 天的时间里不错过任何一个习惯，才能得到"习惯大师"奖励。这是对你的坚持的最好奖赏，毕竟没有什么比持之以恒更重要了。如果你忘记完成一个习惯，就在第二天用补丁来填补空白，它会让你有资格获得"习惯大师"奖励。弹性习惯系统奖励持之以恒，因为这是养成习惯的基础，从长期来看，持之以恒可以帮助你获得更多优秀级别的胜利！

有关弹性习惯追踪日历的更多信息，比如如何使用主题框和记分系统，请访问 https://minihabits.com/tutorials，你还可以在网站上观看视频示例。

弹性习惯海报 2.0

弹性习惯海报

普通	
略好	
优秀	

弹性习惯海报 2.0 是展示弹性习惯的最佳方式。每张海报都被设计用于展示一个弹性习惯，并为你提供完全的灵活性，包含每个级别的 1~8 个横向选项。

顶部区域

海报的顶部区域为你提供了足够的空间来描述你的习惯，你也可以把你的习惯变成一个宣言。我建议你以一种在心理上令人难以抗拒的方式来陈述你的目标。我会使用下面这种坚持模板，因为它给了我最大的激励。我为每天完成最重要的习惯而感到自豪。

- **身份声明：** 我是＿＿＿＿＿＿（一个跑者、作家、音乐家等）。
- **坚持声明：** 我每一天都＿＿＿＿＿＿（锻炼、练习吉他、冥想等）。
- **行动描述：** ＿＿＿＿＿＿（阅读、跑步、写作等）。

身份声明是对你自己（以及任何可能看到海报的人）强有力的公开声明，表明你是一个"跑者"。坚持声明是一个承诺和声明，表示你将每天都"跑步"。或者，如果你愿意，可以在方框中写下任何你想做的事，比如跑步、阅读、健康饮食等。

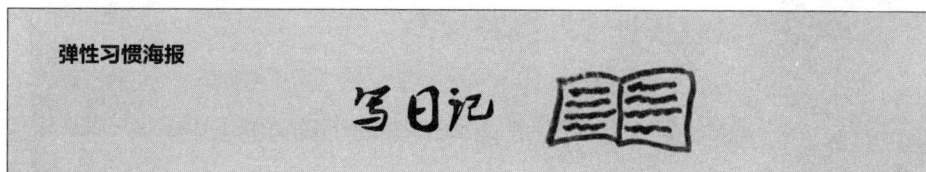

弹性习惯海报

写日记

你可以画画、写下名句，还可以根据喜好随意增加内容。在顶部区域的底部，你甚至可以对习惯做出标记。

弹性习惯海报

专注

"平静来自内心，
无须自外界寻求。"
——释迦牟尼

方框

海报底部有几个可标记的点，让你对每一个级别进行设计。现在来看看它的作用。

如果你从底部的"1/3"点向上纵向画出 2 条直线，就可以创建 3 个部分（3 个横向选项）。如果你想要 2 个部分，只需从中间的"1/2"点画出 1 条线即可。如果你想要 4 个部分，就从"1/2"点和两个"1/4"点画出 3 条线。方框的右侧还有一个额外的标记，可以再次将方框分成更多部分。而且你也可以擦去上面的内容，以改变你的弹性习惯结构。

值得注意而且令人兴奋的一点是，每个级别都可以这么做！这意味着每个纵向级别都可以有不同数量的横向选项。

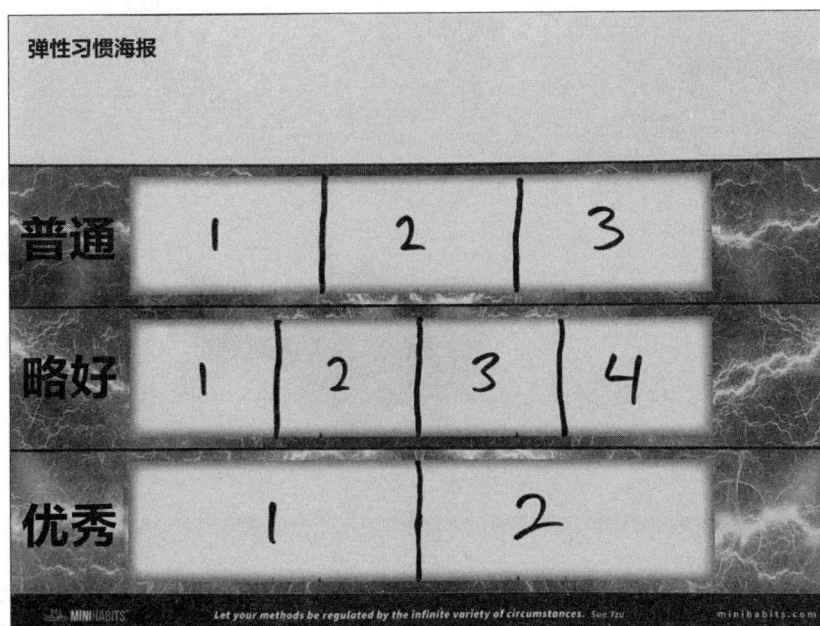

如你所见，你完全可以定制你的弹性习惯，精确地按照自己的偏好来塑造它们。有选择地缩小和扩大纵向级别，你就会走进一个充满可能性的全新世界！

弹性习惯显然比典型的"每天做某事"的习惯策略要先进得多，而且很容易实践，你要做的就是每天从你的各种选项中挑出一个。弹性习惯在战略和各级别选项的开发方面很先进，但执行起来非常简单。

为了让你了解自己可以做什么，我将向你展示一些模板和示例。

模板

拥有了在每个级别上增加或减少横向选项的能力，我们就可以有力地指导自己的行为。先来说说这些推动胜利的力量。通过定义一个级别上的一个胜利条件，我们就可以创造出非常有趣的动态。

坚固的底线模板

这个模板允许你通过只定义一个普通级别胜利的条件来精确地定义底线的位置。如果你设置了 3 个以上的普通级别胜利条件，它们可能会在难度和意义上有所不同。如果只有一个条件，你就会认为"这种强度的行为是我的底线，我会一直做得更好"。

然后你可以利用几个略好和优秀级别的选项来诱使自己完成更多这样或那样的习惯。底线模板最适合那些只有一个核心行为的必须完成的习惯。

示例：写日记

普通	写 1 句	
略好	写 1 段	写 1 句 + 回顾 1 周的日记
优秀	写 1 页	写 1 段 + 回顾 1 个月的日记

最好每天都写日记，不一定要写很多字，一句话也可以。同时，你也可以回顾以前的日记，把它作为写日记习惯中有意义的一部分。将回顾放在更高级别的目标中，可以将写作和回顾两个部分相结合。

标准模板

这是一个智能模板，提供了一个"假定的"适度目标。有些人可能很难在弹性习惯的选项之间做出选择，所以此模板提供了单一的首选项。如果你出于任何原因不希望使用首选项，则可以使用其他选项。标准模板难度适中，不会因为目标过小或过大而使你多次中断行动，因为你总是有自由按照需要升级或降级。

标准模板只有一个略好级别的目标，它是你在任何一天的首要目标。在它的普通级别和优秀级别中，有一些更容易和更困难的选项。你会期望自己每天都有一个不错的胜利。如果某一天你需要休息，就可以移动到有几个较容易选项的普通级别；如果你想多做一些，也可以选择一些优秀级别胜利的选项。

示例：锻炼

普通	3 个俯卧撑	10 个深蹲	拉伸训练 2 分钟
略好		去健身房	
优秀	在家锻炼 1 小时	在健身房锻炼 1 小时	

如果你真的想养成在健身房锻炼的习惯，就可以将单一的略好级别目

标设为"去健身房"。然后，你可以为普通级别设置在家锻炼的选项，以应对那些无法去健身房（不管出于什么原因）的日子。一旦你到达健身房，请为自己设定一些拉伸锻炼目标，比如限时锻炼或特定的锻炼计划，甚至是与在家锻炼强度相同的训练。

白鲸模板

在《白鲸》中，水手亚哈痴迷于猎杀一只名叫莫比·迪克的巨大白鲸。"白鲸模板"的概念便来源于这个故事。"白鲸"代表你必须努力完成的一件事，尽管有时这看似很难实现。在白鲸模板中，你只有一个优秀级别的目标，它是你的白鲸。如果你想达到这个级别，就必须做到这件事，没有什么能与之匹敌。

为了尽可能多地捉住这只优秀级别的"白鲸"，你需要设置几个略好级别和普通级别的选项作为支持，这些仍然是你旅途中有价值的部分。白鲸模板真的会把聚光灯放在"白鲸"身上，这种策略强调了单一行为的重要性。

白鲸模板使优秀级别的胜利显得十分特别且令人兴奋，就像你眼前出现了一头巨大的白鲸一样，这很有趣！

示例：健康饮食

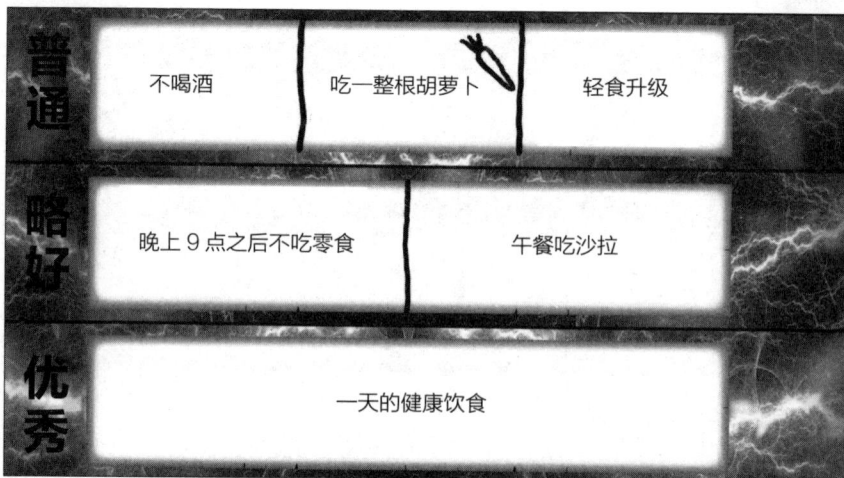

普通	不喝酒	吃一整根胡萝卜	轻食升级
略好	晚上 9 点之后不吃零食		午餐吃沙拉
优秀		一天的健康饮食	

　　根据你的不同目标，有很多方法可以做到这一点。在上面这个例子中，优秀级别的胜利是通过一天的健康饮食获得的，所谓"一天的健康饮食"指的是一天之内不摄入任何添加糖、加工食品或酒精。然后你可以设置几个略好级别和普通级别的目标，作为一些较小的备选成就来追求。

　　以上三种模板都为某个级别设置了单一胜利条件。你也可以在两个级别中设置单一胜利条件，例如在普通级别和优秀级别中只有一个目标，而为了拥有灵活性，在略好级别中设置几个选项，如下图所示。

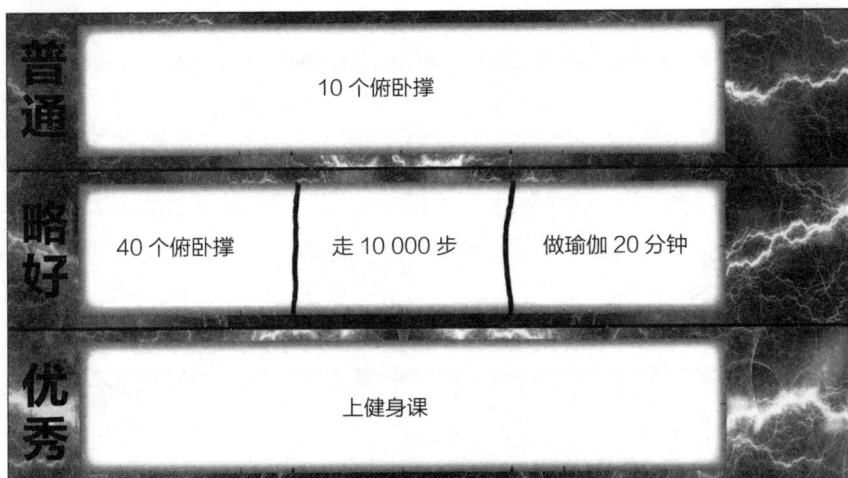

普通	10 个俯卧撑		
略好	40 个俯卧撑	走 10 000 步	做瑜伽 20 分钟
优秀	上健身课		

习惯池模板

　　习惯池的理念是不把行为与任何级别挂钩，而是将一组难度适中的行为添加到一个巨大的"池"中。如果你完成了其中任意一个行为，就达到了普通级别，完成两个是略好级别，完成三个是优秀级别。要用弹性习惯海报做到这一点，我建议使用不同颜色的马克笔从视觉上区分习惯池的习惯和你的其他弹性习惯，你也可以在上面的框中贴标签。

　　示例：锻炼习惯池

普通	在跑步机上跑 10 分钟	做瑜伽 15 分钟	25 个俯卧撑
略好	20 个深蹲	15 个俯卧撑	40 个仰卧起坐
优秀	50 个开合跳	（跳舞）跳 3 首曲子	走 5000 步

不同的级别对习惯池而言并不重要。如果想让过程变得更有趣，你可以将其他模板策略的一部分融入习惯池中。举个例子，你日常的优秀级别目标是去健身房，将其放入习惯池后，依旧是完成一个行为达到普通级别，完成两个是略好级别，但要想获得优秀级别的胜利，你必须去健身房。

普通	在跑步机上跑 10 分钟	做瑜伽 15 分钟	25 个俯卧撑
略好	20 个深蹲	15 个俯卧撑	40 个仰卧起坐
优秀	去健身房		

补充说明

弹性习惯是世界上最好的习惯体系。你的弹性习惯不仅可以适应生活中的每一天，你还可以根据你的具体生活方式来设计它们。你拥有无限的选项和自由。

在某些情况下，限制横向选项的数量是很有用的。对我来说，去健身房总是一种优秀级别的胜利。因为每次去健身房，我都会进行高强度的训练，选择低强度的健身房训练是没有意义的。但高强度训练是我到达健身房后的特定行为。

另一方面，我可以设定一个普通级别特有的条件，例如根据自己的阅读习惯购买一本新书。购买有趣的书是包括研究在内的阅读过程必不可少的一部分，然而，我一定不会将购买更多的书视为略好级别或优秀级别的胜利。

当你创造了一个胜利的条件时，不要认为这个条件必须适应全部三个级别。只有当这个目标对你非常有意义并且有益的时候再这样做。

习惯设计快速指南

弹性习惯海报 2.0 的习惯设计中有很多选项，你该如何进行选择？

1. 从一个宽泛的习惯开始。 你想做什么？运动？阅读？写作？写日记？清洁你的家？开始一个爱好？学习一项新技能？

2. 确定最终目标。 这个习惯会给你带来什么？你想进展到哪一步？理想的结果是什么？

3. 根据对前两个问题的回答，列出所选习惯的基本任务和补充任务。 我们前面讨论的单一胜利条件模板通常只适用于基本任务。这些基本任务独立运行的效果很好，它们是习惯的基础，因此值得关注。补充任务同样具有价值，甚至在某些方面对于你的习惯是必不可少的，但它们不是你的主要焦点。

对弹吉他而言，用手指去弹是最基本的任务。你可以阅读世界上所有的吉他教程，但是如果不自己动手练习，你就不可能学会弹吉他！音乐理论和类似的东西可作为你的补充任务。

对锻炼而言，如果你的目标是心脏健康和管理体重，那么有氧训练是你的基本任务；如果你的目标是提升力量，那么举重是你的基本任务，其他形式的锻炼也可以作为补充任务；或者你想进行更全面的健身，在这种情况下，诸多运动选项对你的目标而言都是基本任务。

如果一个任务是补充性的，试着将它与其他补充任务配对——哪个级别的任务都可以，给自己多个选择。你还可以将基本任务和补充任务搭配在一起。注意，这些都是指导方针，而不是规则。你可能会把一个补充任务作为普通级别的唯一胜利条件，确保自己在某种程度上完成这个任务，然后专注于略好级别和优秀级别的基本任务。

4. 在你的行为清单中决定胜利条件，一次一个。从普通级别开始，选择某个强度的某个行为会为你赢得普通级别的胜利，然后转向略好级别和优秀级别。你还可以选择前面介绍过的模板，看看它是否适合你的习惯。弹性习惯的理想结构取决于习惯的具体目标。

弹性习惯的设计具有无限的可能性，让我来向你展示这是多么容易。如果你愿意，你可以为每个级别设置单一的胜利条件。这是最简单的一种弹性习惯，而且效果很好。我建议从这种简单的弹性习惯开始，然后再提升难度。不要仅仅因为你认为自己"应该做"就添加额外的选项。

如果一个月过去后，你还没有选择过某个选项，请考虑将其删除或进行修改。没有使用过的选项就是无谓的负担，对你没有太大的帮助。

最后，不要觉得你需要在一开始就把一切都弄清楚。你可以使用橡皮，随时调整习惯，让它来适应你。弹性习惯不是一个千篇一律的方法，因为你可以根据自己的目标和生活来进行定制，这就是为什么它比你尝试过的任何习惯策略都更有效。一旦你对它进行了优化，你可能会后悔为什么没有早点开始。

　　找出最有效的方法是需要一些时间的，相信我，你一定会得到新的想法。这是一个非常有趣的过程，弹性习惯可以改变自己，就像它们可以改变你一样！

互动习惯海报（限量版）

互动习惯海报

从这里开始

普通

略好

优秀

互动习惯海报只用于展示一种弹性习惯。为了突出自身风格，这款海报并不具有弹性习惯海报 2.0 的灵活性。你只有很少的空间来写下你的选项，但作为回报，你可以用一张漂亮的大幅图片来代表你的习惯。

互动习惯海报有 25 个不同的主题，你可以使用马克笔来随意编辑海报。

你可以在普通、略好和优秀级别的方框里填上你的横向和纵向选项。如果你还不清楚横向和纵向选项是什么，请回顾第 5 章。

填好海报后，把它贴在墙上某个你每天都看得到的地方。如果你有一个用来安排生活的"指挥中心"，那里就是合适的地方。对我来说，卧室是这样的地方。对其他人来说，也许书桌附近或者冰箱上的日历是合适的地方。我买了一个巨大的磁性白板，用来展示我的弹性习惯海报和追踪器，以及其他任何每日待办事项或记录。

总的来说，我首先推荐的是弹性习惯海报 2.0，但对简单的习惯和想要尝试击掌约定的人来说，互动习惯海报的效果也许更好。

击掌约定

人们在完成工作目标方面往往比在追求个人目标方面更成功。我们会遵守工作合同：出勤、工作，并为此获得报酬。那么为什么工作目标和个人目标会有不同？

你是你自己的仲裁者。当涉及你的个人目标时，你可以随时打破你的约定，就好像它从未存在过一样。即使你设置了对没有遵守约定的惩罚，你依然可以违反约定。无论怎样，你都有不遵守约定的自由，而且这样也不会有什么直接的后果。在你的个人生活中，你是全能的仲裁者，而你很清楚这一点。

鉴于我们可以取消一时兴起的目标，做一些我们拒绝做的有益的事情是一种挑战。我们经常试图建立一种类似老板与员工之间的关系来确保自己的成功，但从长远来看，我们仍然会改变想法，只做那些我们想做的事情。

要解决这个问题，你可以创建一个讨人喜欢的仲裁者，暂时把你的执行权力交给这个仲裁者。这个仲裁者就是你的习惯海报，而击掌约定是通过它进行交易的方式。击掌约定是可选的，并非强制，而且在实践中，我发现自己只用了 10%～20% 的时间以这种方式与我的海报互动。当你犹豫不决并想要承诺做某事时，这是一个不错的选择。

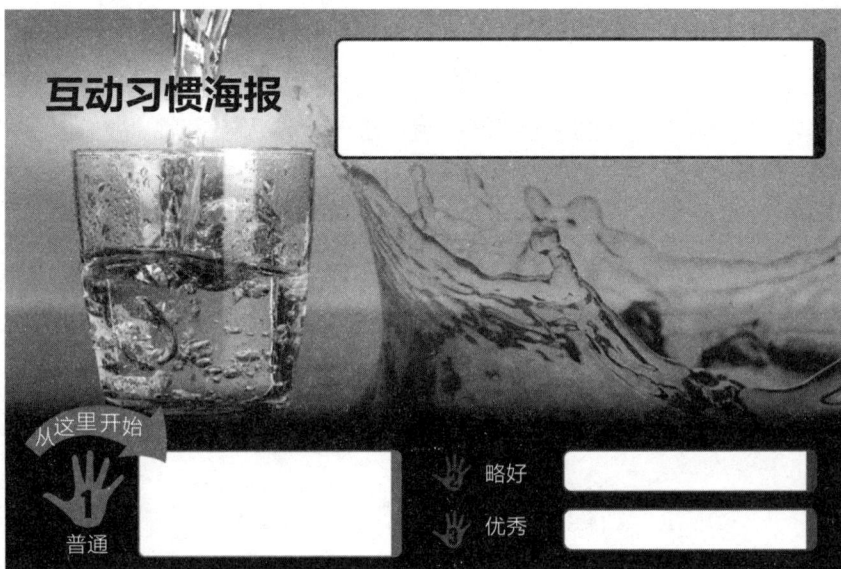

互动习惯海报

从这里开始

普通 　　略好 　　优秀

击掌约定如何起效？

一旦双方签订书面合同，它就正式具有法律约束力，变得真实、强大而令人敬畏。如果像这样强有力的词语能够描述我们对个人目标的承诺，岂不是很棒？

击掌约定是一个简单的手势，表示你现在坚定地想要做某件事。与书面合同一样，击掌约定应该是严肃且有约束力的，这是你与自己达成的约定。实际上，你只要轻轻拍一下墙上的习惯海报就可以了。我知道这听起来很傻，但你一定要试一试！

这种方法是这样工作的：通过与海报接触——无论是手掌轻拍、拳头相碰、手指轻弹，还是任何其他类型的接触，你都在宣告你的意图。每次与海报"击掌"，你都是在承诺进入下一个更高级别。

1 次击掌：普通级别。

2 次击掌：略好级别。

3 次击掌：优秀级别。

你也可以在完成一件事后与海报击掌，作为庆祝的仪式。用这个技巧来巩固你的目标，并使之切实可行，这样做比简单地思考如何去做有更大的影响。

我与海报击掌约定的故事：我最近一直在征服我的习惯，使多个习惯不断达到优秀级别。同时我发现我最喜欢的一个系列游戏中，有一款原本只有日语版的游戏推出了英语版。所以我兴奋地想："我一直以来都做得很好，现在要休息一下了。今天只完成普通级别的习惯，这样我就可以玩这款游戏了。"

为了满足普通级别阅读 2 页的要求，我读了 3 页威廉·津瑟的《写作法宝》。你可以事先与海报击掌来宣布你的意图，也可以事后与海报击掌来庆祝自己完成了任务。我很高兴能如此轻松地达到我的目标，游戏就在前方等着我。兴奋之余，我迅速在海报上拍了两下，庆祝自己轻松获胜。等等，我拍了两下？啊！因为击掌两次意味着承诺完成略好级别，所以我必须读完这一章的其余部分。

我发现这种情况很有趣，因为它会"强迫"我比平时多读一点，但击掌两次是我自己做的，我不能抱怨。与海报互动总是让人感到公平。如果你不想被迫做任何事，就不要碰海报。如果你确实碰到了它，就必须坚持到底。

与海报互动

我建议你真正决定完成某项习惯时，再去触碰习惯海报。当你的手接触到海报后，下一步就需要采取行动了——不可以错过，没有借口，与海报击掌之后，你就必须做这件事。最好按我的建议去做，以保持你对这个过程的信任。

如果你的习惯是跑步，在"击掌"后的一分钟你就要穿上鞋子出门。一旦你碰到你的海报，你就被套住了。你会发现这种约定可以使自己变得更有力量，而不是精疲力竭。当我知道自己做这件事是为了使合约生效时，这在某种程度上是令人欣慰的。它消除了我的疑虑和犹豫，我不再担心自己会坚持不下去。然而，如果击掌的时间太早，有些事情可能会妨碍你执行合约，甚至使你不再信任合约。

与海报互动没有严格的限制，因为这完全是由你的选择驱动的，你是那个激活合约的人。这并不是你两个月前设定的目标，也不是你的"7 天练出腹肌"的严格计划的一部分。就像我接受我为我的书签署的出版合同一样，你也会接受这些合约，因为是你自己激活了它们。如果你不想这样做，就不要激活合约，事情就是这么简单。你可以选择这些合约，也可以不选，所以你永远不会有罪恶感、羞愧感或者做这些事情的压力。

互动的重要性

就像很多人认为的那样，把你的目标写在某个地方（白板、日历等）是很有帮助的。击掌约定将这个概念带到了另一个层面，原因如下。

在白板上写下一些东西也许足以设定你的目标，但是你仍然需要采取一些步骤来"确定"自己的意图。为什么这样说呢？因为我们都有过把待办事项写下来却没有去做的经历，这让我们不再那么相信自己写下某事就一定会完成——那根本不是一个具有法律约束力的合同。另一个问题是，把要做的事写下来没有任何意义，除非我们有意识地注意到，在白板上写下"读 1 页书"意味着我们打算这样做。我们仍然需要给自己写下的内容赋予意义。

这是一个创造更强大意图的机会。你会看到你的弹性习惯海报，知道它提供了什么。当你轻轻触摸或热情地拍打海报时，你的大脑会清楚地知道这意味着什么：你做出了承诺，你要完成你的习惯。

合约巨魔（买路钱）

还有一种使用弹性习惯海报的方法，那就是将其视为合约巨魔。

"合约巨魔"这个名字来源于经典的桥头巨魔的故事：人们要过桥，就要交买路钱。我的浴室门口有一个引体向上横杆，每次离开洗手间时，我都要求自己至少做 2 个引体向上（或者 5 个俯卧撑），作为"买路钱"。我只会在离开的时候要求自己这样做，而不是在进入的时候，毕竟没人想在急着去洗手间时还要先做引体向上。

考虑在关键位置为某些行动设置小的"买路钱"，可以是锻炼，比如俯卧撑或引体向上，也可以是其他创造性的想法。例如，你可能要求自己每次打开冰箱或进入厨房时都喝点水。那就在附近放一个小水杯，然后迅速装满水，喝掉。这是多喝水的一个简单方法。

习惯之星

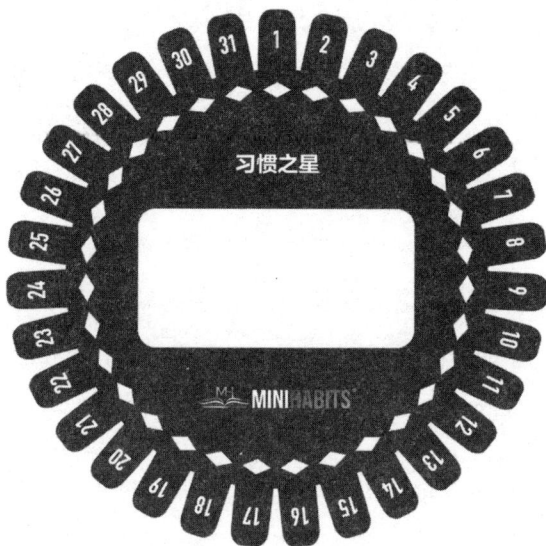

  习惯之星是一种有趣的、多功能的习惯追踪器。它与弹性习惯系统是相互独立的，可以同时满足其他习惯追踪的需要。

  习惯之星由 31 个带有编号的标签组成，这些标签环绕一周形成一颗"星"。将标签向后折叠，表示完成了该数字代表的次数或当日的任务。如果把习惯之星的中心贴在墙上，标签会保持叠在后面的状态。当一个标签被折叠后，你可以通过菱形切口看到标签的绿色背面，这在视觉上是一种令人满意的"成功"标志。

  至于在中间的方框内放入什么，有很多选项。你可以画一只小恐龙来代表你的古生物学研究。如果方框中的内容与你不想宣扬的坏习惯有关，你可以把它写得隐晦一些，这时习惯之星意味着"自由"，它会告诉你在戒掉一个坏习惯后将得到什么好处。

使用习惯之星的 5 种方法

1. 追踪某个习惯一个月。

每个月最多有 31 天。因此，带有编号的标签代表着一个月中的每一天。如果你坚持到第 31 天，没有错过任何一天，那么你的习惯之星将会变成一个看起来很酷的圆圈！

你可以用这种方法来追踪好习惯或坏习惯。对好习惯而言，你可以在成功完成后将标签折叠到后面。需要注意的是，习惯之星缺乏纵向的灵活性，所以请试着用它来表示完成或未完成某个习惯，比如刷牙或使用牙线。也许这些习惯的"上限"很低，但它们仍然很重要。

对坏习惯而言，你可以把没做坏习惯的那天的标签折叠起来。绿色标签代表成功，折叠标签表示你做了正确的事，这会让人感觉非常满足！

你有没有一整天都没吃过添加糖的时候？请把标签折叠起来！你还可以用习惯之星来应对其他坏习惯，包括咬指甲、吃不健康的食物、吸烟、喝酒，或者花两个多小时在社交媒体上"冲浪"。这样的选项有很多，而且"习惯之星"具有互动和可视这两个特点，当你打破坏习惯时，你会获得更大的满足感。

每天早上起来后，我都会回顾前一天。如果我成功地避免了我的坏习惯，我会折叠下一个标签。为了养成好习惯，你也可以这样做。如果我没有避免我的坏习惯，那么我不会去折叠标签，或者试着重新开始连续记录。是否要重新开始取决于你的目标。改掉坏习惯是很困难的，所以你应该考虑一下，一个月里能赢多少天（允许犯错），而不要让一个错误破坏了整个局面。

或者，在新的一天开始前就折叠一个标签，作为预先承诺。如果你成功了，就让标签保持折叠状态；如果你没有成功，就把它翻转回来。（这会为你的坚持提供额外的动力！）

2. 连续追踪一段时间（好习惯或坏习惯），无论何时开始都可以。

你不必在月初使用 1 号标签来开始一段连续的时间，每一天都可以成为全新行为模式的"第一天"。这是我比较喜欢的习惯之星的用法，特别是，我喜欢用它来标记坏习惯（通常我会使用弹性习惯系统来标记好习惯）。即使今天已经是本月的第 16 天，你也可以从现在开始追踪。

3. 追踪某一行为是否完成，可以从任何时候开始，或者以一个月为周期。

像吃某些食物或喝酒这样的习惯，你可能不想完全戒掉，但希望自己能适度控制；或者这是你最终想要戒除的行为，但不是马上就能戒除的。对于一个你想要限制的坏习惯，可以在成功限制的日子里将标签向后折叠，在没有成功的时候保留原样。到了第 31 天，你会清楚地看到自己成功和未成功的次数各有多少。

这同样适用于好习惯。这些目标行为是你不想或者不需要每天都做的，但是如果能做到会更好。对我来说，这种习惯可以是吃"超级沙拉"——超级沙拉非常健康，但我不想要求自己每天都吃。尽管如此，我还是希望自己更频繁地做这些事，用习惯之星来进行追踪可以鼓励我这样做。又如，我的牙医让我多用牙线，但我个人认为不需要每天都用，于是我用习惯之星来追踪自己在一个月的哪些天使用了牙线。

4. 计算"圈数"。

我在引体向上横杆旁边的墙上贴了一个习惯之星。有时候，我喜欢在一整天里多次做引体向上，通常我会使用习惯之星来计数。

它的工作原理是这样的：如果我一开始做了 8 个引体向上，我就会折叠 8 号标签。稍后，如果我又做了 4 个，我就会把 8 号标签恢复原状，把 12 号标签向后折叠。如果做完了 31 个引体向上，我会把 1 号标签向后折叠，提醒自己已经转了"一圈"。这真的很有趣，会鼓励我完成更多。有时我会做 100 个引体向上，也就是绕星 3 圈（93 次）再加 7 次。

5. 计算次数（任意周期）。

也许你想多吃点胡萝卜，但你没必要要求自己每天都吃。假设你某天吃了三根胡萝卜，第二天一根也没吃。在这种情况下，你可能想要记录一下自己一个月（也可能是一周或任何你想要的时间段）内吃了多少根胡萝卜。我建议你使用习惯之星与做引体向上一样，你可以将代表你当前一共吃了多少根胡萝卜的标签向后折叠，不必在一天结束时重置计数，你可以一直记录一周、一个月或任何你认为最好的时间段。

将习惯之星的标签折叠之后，上面的数字就看不见了，但是你可以通过查看周围的数字轻松地知道被折叠的数字是什么。或者只要把标签翻回来，你就会看到上面的数字了。

结论和 DIY 想法

习惯之星可以追踪或记录任何习惯。最重要的是，它可以重复使用。在每个 31 天结束之后，你可以标记你已经完成了一个月，并重置习惯之星，继续追踪下一个月。

如果你想自己动手制作习惯之星，我可以告诉你，这个产品的创意来自能让你撕掉电话号码标签的海报，就是那种经常出现在电线杆上的海报。你可以把一张纸剪成 31 个标签，给它们编号，并在完成习惯后把它们撕下来。尽管这种自制标签看起来不像习惯之星那么漂亮，也不能重复使用，而且你必须每次都从 1 写到 31，但它仍然是有价值的！

如果你有兴趣看看习惯之星的范例，请访问 https://minihabits.com。

感　谢

　　感谢阅读《弹性习惯》！如果你想了解更多关于工具和策略的信息，请访问 https://minihabits.com 并获取补充材料。如果你认为这本书分享了一个重要的信息，欢迎留下你的评论——评论是人们用来判断一本书内容的主要标准。如果你利用弹性习惯取得了进步，请回来告诉其他读者（和我）！

　　每一条评论都会对他人读书的意愿产生巨大影响，如果弹性习惯策略成功地改变了你的生活，你也可以通过传播这个策略来改变他人的生活。一本书的影响力和影响范围取决于每一个读者，《微习惯》就是很好的证明。因为读者评论并分享了那本书，现在全世界很多人都在看《微习惯》！你能帮我分享弹性习惯吗？整个世界需要听到它的声音。